师德心语

主编 庞非
编委 李益 雷炀 任素萍

河南科学技术出版社
·郑州·

图书在版编目（CIP）数据

师德心语/庞非主编．—郑州：河南科学技术出版社，2020. 12（2021.8 重印）
ISBN 978-7-5349-9802-7

Ⅰ. ①师…　Ⅱ. ①庞…　Ⅲ. ①中学教师-师德-师资队伍建设-研究-郑州　Ⅳ. ①G635. 16

中国版本图书馆 CIP 数据核字（2019）第 282176 号

出版发行：河南科学技术出版社

地址：郑州市郑东新区祥盛街 27 号　　邮编：450016

电话：（0371）65788630　65788890

网址：www. hnstp. cn

策划编辑：孙　珺

责任编辑：孙　珺

责任校对：耿宝文

封面设计：张　伟

责任印制：朱　飞

印　　刷：永清县晔盛亚胶印有限公司

经　　销：全国新华书店

开　　本：720 mm×1020 mm　1/16　　印张：7　　字数：200 千字

版　　次：2020 年 12 月第 1 版　　2021 年 8 月第 2 次印刷

定　　价：59.40 元

前　言

教师是立德之本、兴教之源。师德是教师之本、立命之基。“师者，人之模范也。”若要育人，首先要做到“修己”，才能“达人”。习近平总书记在全国教育大会上指出，“教师是人类灵魂的工程师，是人类文明的传承者，承载着传播知识、传播思想、传播真理，塑造灵魂、塑造生命、塑造新人的时代重任”，“坚持把教师队伍建设作为基础工作”。作为教师这一职业，师德是一种职业道德，是一切教育工作者在从事教育活动时，应具备的道德规范和行为准则。以德立教、无私奉献、以身示教，是每一位教师的职责所在。

本书展现了郑州八中在师德建设方面的实践成果。在制度规范的基础上，老师们在阅读中不断提升，在演讲中展现自我，在团队中共同成长，并不断将良好的师德贯穿于教育教学工作的各个环节，精益求精，不断攀登。本册书的编写凝聚了学校领导和老师们的辛勤付出，感谢李玉娇、王乐怡、许莹、原鹏雁老师在收集资料过程中的努力！

庞　非

2020 年 3 月

目　录

第一章 润德有痕

第一节 修己达人

读书历来是古今圣贤修养身心、提高境界的重要途径。教师作为传道、授业、解惑的文化传承者和学生心灵成长的引导者，更是与书结下了不解之缘。纵观那些名师大家无不是博览群书，勇于实践，才有所建树。可以说，读书是教师成长的重要途径。

为打造一支“师德高尚，业务精良，具有现代教育思想、扎实专业知识、良好教学方法、较强科研能力”的高素质教师队伍，郑州八中每年都组织教师开展读书活动。通过开展读书活动，教师实现有效知识积累。通过阅读，教师及时更新教育理念，紧跟教育的时代潮流，不断充实自己的头脑，补充教育理论知识，改善自身知识结构；提升教学理论和实践水平，将读书所得运用于实践，推进课程改革，有效改进自己的教学行为。通过读书活动，营造了积极进取、努力学习的校园学习氛围，使教师养成良好的读书习惯和思考习惯，培养终身学习、终身思考的自觉意识。

郑州八中长期以来，以国家建设“学习型社会”的精神为指导，以深化课程改革和推进素质教育为目的，倡导全体教师“多读书、读好书、好读书”，不断拓宽视野，增强师德意识，促进教师专业成长，提升教师的综合素质。

人生是一场旅行

高虹燕

人生是一次浪漫而富有色彩的旅行，走过的每一个足迹，都写满了爱的甜蜜与温馨。时光流转，岁月如歌，历经时间洪流的涤荡，每一份真挚的爱在我们心中都变得珍贵而永恒。

《爱的教育》让我感受到一个在爱中成长的人是幸运的，一个懂得去爱的人是高尚的。生活处处都有爱的光芒，照亮了恩里科的心灵。这里有勤奋善良的班长德罗西，有慷慨侠义的加罗内，有朴实可爱的“小泥瓦匠”……恩里科沐浴着他们的爱与关怀快乐成长。在书中，我看到了许多来自身边平凡的爱，在生活点滴中不经意流露，让我们在恩里科的成长中感受爱的美好。

如果一颗星辰辉映着一个记忆片段，那成长中的爱就是由微弱星光所组成的灿烂银河；如果一个音符记录着一个生活剪影，那身边的爱就是由动人旋律所汇成的人生乐章！《爱的教育》展现了生活中平平凡凡的点滴之爱，如涓涓细流，淌过生活的角角落落，充满了爱的美好与温馨。

生命就是多姿多彩，变幻无常的。有欢愉，李清照曾有过“兴尽晚回舟，误入藕花深处”的美好生活；有惜别，李白曾留下“桃花潭水深千尺，不及汪伦送我情”的深情吟唱；有惆怅，李煜曾写下“寂寞梧桐深院锁清秋”的凄凉景色；有怀念，苏轼曾抒发“十年生死两茫茫，不思量，自难忘”的伤感情怀。但唯有爱，让我们的人生变得与众不同，充满意义。《爱的教育》像一抹和煦的阳光，照耀着爱的花朵，愿这爱的花朵组成花的海洋，让我们共享这爱的天地……

读书，就是一种修行

展志华

文学是另一种形式的生命哲学。

读书，就是一种修行。

苏轼“可使食无肉，不可居无竹”的人格志趣让人心生向往，他“一蓑烟雨任平生”的达观让人豁然开朗。曹雪芹的故事似乎是琐碎而平淡的，可故事传达出的意味却又是深刻的，他借贾宝玉这个角色传达出对不同阶层个体生命的尊重，借贾氏家族乃至每个角色的命运表现了对富贵乃至人性的悲悯。毛姆的作品常以冷静、客观乃至挑剔的态度审视人生，他笔下的天才画家斯特里克兰虽饱受读者的争议，却不免让人思考如何在庸常的生活状态里追求自我的价值，寻找灵魂的栖息地。余华在《活着》中以一种近乎强迫的方式赋予主人公富贵一个接一个难以承受的人生灾难，却也让人领悟：活着本身就是一种美好，当遇到无法越过的挫折时，轻生真的只是一种笑话；活着，是一种权利，也是一种使命。

优秀的文学作品就是一部人生的缩影，一篇篇的阅读过程就是一次次的生命体验；文学又是一面折射人生的镜子，让读者在一次次的感悟中完成自我的修行。

余华说：“作家的使命不是发泄，不是控诉或者揭露，他应该向人们展示的，是对一切事物理解之后的超然，对善和恶一视同仁，用同情的目光看待世界。”

文学，本身就是一种提醒和思考的力量。

读蔡礼旭老师《做一个如法的好人》有感

李 益

很早就接触了蔡礼旭老师的《做一个如法的好人》，但总是没有静下心来沉进去用心领会，借着学校开展践行《弟子规》的东风，寒假期间又认真地将蔡老师的书仔细地看了一遍，感触颇深，当我反思自己过去时间里的经历和心情时，结果常常是觉得自己过得不快乐、不幸福，可回想一下却又觉得使自己烦恼的并不值得如此闹心！

为什么我们总是觉得痛苦大于快乐、忧伤大于欢喜、悲哀大于幸福呢？同样的一件事情，别人看到的都是正面的，而我老看到负面的呢，其实我总是把不属于痛苦的东西当作痛苦，把不属于忧伤的东西当作忧伤，把不属于悲哀的东西当作悲哀，而把原本该属于快乐、欢喜、幸福的东西看得很平淡，没有把它们当作真正的快乐、欢喜和幸福。

反问一下自己，幸福又是什么？如何才能使自己拥有幸福生活呢？

首先说幸福其实很简单，幸福是一种心境，你用积极的心态去看待世界就会收获一分内心的安宁。生活就是一面镜子，你对它笑，它就对你笑；你对它哭，它也对你哭。当我们觉得烦恼很多，看谁也不顺眼，看谁都很难受的时候，问题绝对不在于别人，而在于自己。所以你只要拓宽心量，障碍就会去除。谁让我们气的？谁让我们痛苦的？都是自己的强求，都是自己的执着。不是别人跟我们过不去，是自己跟自己过不去，当你了解到这个真相，你才慢慢懂得什么应该放下。

而如何拥有幸福生活呢？如书中所言，做一个如法的人。蔡礼旭老师建议我们习读《弟子规》，以《弟子规》衡量自己的品行，做一个守孝悌、知礼仁的人。

首要就是“入则孝”，在家孝敬父母，同时尊重他人父母，即“老吾老以及人之老”。我们从小到大，父母花费了许多心血，有时即使他们说的不对，也是为我们着想的。我常常有种感受：这世上除了自己的父母，真的很难有人会对自己那么贴心贴肺地关怀。虽然我们渐渐独立离开父母，可爸妈的心一直系在我们身上，关注我们的近况。每周六我都会给爸妈打电话，讲讲自己一周里的经历或问问家里的情况，如果没有按时打电话，妈妈就会牵挂着。作为子女我们真该多多理解关心爸妈。这个春节过得很是祥和，当我将以前从来都是只给爸爸的红包给了妈妈一个时，从没有看到妈妈这么高兴。蔡老师说“诸事不顺皆因不孝”，我在春节期间拉着妈妈的手，感受妈妈的脉搏有力的跳动，这个声音是那么熟悉，我曾经听着这个熟悉的声音十个月，看着眼前满头白发的老人，我泪流满面……

“父母呼，应勿缓；父母命，行勿懒。父母教，须敬听；父母责，须顺承。”最起码做到这些，才能对得住父母。

反思一下：我们在父母的人生当中写下了可歌可泣的一篇了吗？能够让父母每一次想到他们生这个女儿真是没有白生，他们生这个儿子真是非常欣慰！假如父母那一本人生历史时时打开来都是这样的满足，那我们这一生在父母的生命中就写得非常有价值。我不奢求给父母每一页的骄傲，但自己一定要让他们满意。

为人不单要孝，还该做到“谨”和“信”，诚信代表一个人的人格。“借人物，及时还。后有急，借不难。”《论语》中说：“人无信不立。人而无信，不知其可也。”信与义往往是结合在一起的，虽然我们不曾讲出，但内心深处必定坚守着这个信念，履行着自己的义务。别人帮助我们是对我们有恩，而我们更应当讲道义。

蔡老师的书中对我有深刻影响的还有关于婚姻的一讲。“人与人相交往一定有它的自然的轨迹发展。人跟人一开始认识，从相识开始，相识之后慢慢地才会相知，互相了解，进入相知的状况。”可我们多少人极易因误解而结合，因了解而分开，好荒唐。这样子，让关心自己的人伤心。我不否认一见钟情，但不能把人生全部交托给第六感。看人一定要客观去看，要从平常他处事待人当中去看，你才能够真正了解一个人。如果只看到他对你的关注而忽视平时的表现，那么我们很容易被蒙蔽。

蔡老师总结的五个词很经典：相识、相知、相惜、相爱、结婚。两个人相知并且惺惺相惜、互相理解，才能相互扶持、经营生活。我们应当正确理解爱，爱不只是一时的甜言，不只是一刻的欢愉，爱要彼此理解、付出，对彼此负责。如果还没有遇到爱情，不要因为寂寞而急切，何不随缘？缘满时，自然就会拥有属于自己的幸福！

古语有云：行有不得，反求诸己。凡事之本，必先治身。如果有所不得，先反躬自省，想想自己有何不妥。自身修习完善自然会收获应得的。

幸福从来不在于你拥有什么，幸福在于用自己的能力去努力创造，去用心感受。幸福是要靠自己创造的，金盆银匙、锦衣美食的人，未见得幸福；粗衣布履、粗茶淡饭的人，未见得不幸。这个世界的一枝花、一滴水，都可能成为幸福的源泉。“人之幸福，全在于心之幸福。”人生意义取决于灵魂生活的状况，幸福取决于灵魂的丰富，德行取决于灵魂的高贵。幸福人生就从自我修养开始。

“做”比“说”更重要

喻景灿

学校建造地下运动场，在施工工地的围墙上贴了一些关于《弟子规》解读的画报，一是为了美观，二是为了随时随地教育学生。我的孩子今年六岁多，来到学校看到这些东西，就让我给他读、给他讲。“父母呼，应勿缓”“父母教，须敬听”这些都是教育孩子懂得尊重他人、尊重父母。“宽转弯，勿触棱”其实是从生活细节处考虑，教会孩子养成一种生活习惯，有了这个习惯，也就多了一些安全和礼貌。如果在平时走路时贴墙太近，在转弯时看到对面有人，往往会猝不及防，和别人相撞，对于爱跑的小孩子来说更是危险。自从给孩子讲了这一点，他就很注意，在转弯时离墙角远一些并放慢速度。

“执虚器，如执盈”“缓揭帘，勿有声”告诉我们，拿东西的时候要轻拿轻放，做事情的时候不要发出太大的声响，以免干扰别人。这其实也是体现一个人为人处世和个人修养的一些细节。要想让别人喜欢与你相处，你的态度首先要恭敬，行动上要多为他人着想。

当然，只给孩子去讲这些道理是不够的，还需要家长以身作则，率先垂范。比如我们在平时见到熟人朋友都主动打招呼，在进入商场超市时帮后面的人扶一下门，这些行为都会对孩子起到潜移默化的作用，现在孩子见人经常主动打招呼，每次下楼都会帮爸爸妈妈开楼栋门。

《弟子规》其实也是给我们的生活一个指导、一个方向，如何把它在生活中践行，并且针对不同年龄、不同情况的孩子因势利导，才是更关键的。我们千万不要成为那种一边背诵着《弟子规》，一边肆无忌惮地闯红灯的人。“做”比“说”更重要！

孕育青春之语文

——读王君老师《青春课堂》有感

何 姗

青春之语文，是恪守最不完美的创新也比最完美的守成伟大一百倍之信条！

青春之语文，是坚信教学艺术的本质不在于传授本领，而在于激励、唤醒、鼓舞！

青春之语文，是矢志满头飞雪而童心不泯，是让生活永远荡漾着童真童趣的欢乐！

青春之语文，是激情不灭的梦想，是坎坷岁月里的干将莫邪，是平凡人生里脚踏实地的浪漫！

王君，中学语文特级教师，现任教于北京市人大附中西山学校。全国中学语文优秀教师，全国中学语文“教改新星”，省优秀班主任，省骨干教师，全国多所师范大学特聘“国培”专家教师，兼职硕士生导师。王君老师多次获得全国课堂教学大赛一等奖，获得省级一等奖以上表彰50多项。

王君老师，年轻而充满朝气，朝气中充盈着老成。这是一个用真心、真情、真爱来浇灌她所痴迷的语文课堂的真性情老师。手捧《青春课堂》慢慢赏读，确实受益匪浅。

一、青春语文观之以真诚点燃学生的热情

品读她的书籍，神游其间。她讲的一节《沁园春·雪》让我们重新解读、理解了毛泽东诗词的大气磅礴，更让我们看到了一个活力迸发、激情四射的王君老师。她的这种活力与激情不是表面上的表演与造作，而是从心底涌现出的

一种真诚与生命力。她不直接教给学生怎样去读，只是引导学生反复去读去悟，读文本，悟内容，悟情感。用自己的真诚点燃学生的热情，让学生自己找到朗读的切入点，完美地指引着学生到达朗读的高峰。

在《我的叔叔于勒》一课中，对主题的挖掘她抛开了传统的“金钱关系”的路子，从“人性”的角度去解读，这对于年仅十几岁的初中生，无疑是个难题。但通过王君老师对文本细节的准确“定位”与积极的引导，孩子们大胆质疑、深入思考，他们的认识深度完全超出了我的想象。在她的引导解析下，菲利普夫妇似乎并没有我们传统分析的那么丑恶，站在他们的角度上去思考，就会明白他们的苦衷，对当时的社会也就有了更深刻的认识。这样一来，主旨的挖掘既开辟了新的路子，也上升到了新的高度。王君老师说一位高明的小说家在小说中是不会发表自己的看法和见解的，我要说一位高明的语文老师决不会把一篇小说的解读只放在一个方面——一个人人都盲从的方面，王君老师无疑就是这么一位高明的语文老师。不管是感性温暖的激励性语言，还是新颖独到的引导分析，都处处彰显着王君老师的理性与睿智，在佩服的同时，更是深深的折服。

王君老师说：“青春语文赠以学生的第一份礼物是：它比任何学科都能更加迅速、更加真诚地回到教育原点，即尊重人、关怀人，让每一个学生的基本人性在青春语文的课堂上得到保护和释放。”事实上，王君老师的青春语文课堂的建构，激发了学生的语文学习热情，或者说青春语文赋予了学生学习的生气与活力。

二、对教材进行专题整合

我在教学中通常的做法是逐篇学习，按部就班地完成教学任务，这样容易造成教师对教材的被动感，缺乏自己对文本独到的理解和思考。而王君老师根据专题的确定，对教材内容进行了整合，发现其中汇聚了丰富多彩的美的形态。如《使至塞上》《渡荆门送别》《三峡》表现出苍凉之美与雄浑之美，

《观潮》和《归园田居》凸显了激情之美与闲淡之美，而《游山西村》和其他诗文对比可以让人感受到自然之美与人情之美，等等。因为有了这样的宏观审美透视，王君老师另辟蹊径，以“诵读名篇，欣赏与比较诗文个性之美”作为教学专题，呈现给学生更为鲜活生动的教学内容。

王君老师是这样说的：“没有哪门学科比语文更为迫切地要求教师具有整合的能力。……语文教材是最厚重也是最零散的，不经整合的后果是永远无法奉献给学生规律性、科学性的语文熏陶。”整合教材，实现各种类型的语文专题教学，让人感觉到语文仿佛是充满魅力的魔方。语文教材资源的整合，绝不是简单打乱顺序或随意组合，而是根据学生与教材的实际，真正体现教师教学的独创与学生学习的独立，满足学生的心理期待，真正做到让语文教材“立体”起来，让语文教学灵动起来。正如王君老师所说：“教材只是一个创造的平台，可以引出教师与学生五彩缤纷的创造。”

三、将语文教学精细化

如何才能让语文教学回归到语文的本质属性中，使语文真正成为一门基础性的课程呢？其中至关重要的一点，是课堂训练精致化。这里的“精致化”，首先，强调语文教学活动中的所有问题，必须真正指向“语文”，而非指向“语文”之外的其他知识；其次，强调语文活动问题的精细化，要善于创设问题情境，通过层层追问，最大限度地发现文本语言的精妙所在，为更深层面上理解文本服务。如王君老师《紫藤萝瀑布》课案中的两个片段，大体上能够给我们教学以下几点启示：

（1）任何一种教学设计，都可以在精致训练方面精益求精，力求让所有的教学问题都具有真正的教学价值。

（2）任何一个教学环节的设计，都必须对课堂教学构成直接的影响。

（3）文本是教学的根本，但凡能够通过文本内容的理解分析可以抵达的思维深度，就无须借助其他内容的拓展而实现。

正如王君老师所言："课堂是你和学生生命在场的地方。每一堂课，都要当成公开课来上。以课堂的质量抵抗易逝的生命，凭借课堂的高度走向生命的高度。"

诗意的离别

——再读《人生何处不相逢》

王运魁

常言道“人生何处不相逢”，殊不知相逢的前提是离别，所以换个角度，似乎我们可以说：人生何处不相离。渭城的朝雨，碧水深潭倒映着人面桃花，都随着离愁别绪在中国文化里诗意了千年。

如若离别恰逢一个盛世的春天，朝雨多情，也来凑凑热闹，平添几多缠绵，我们能否感受到王维与元稹向我们走来。

一霎细雨，或在清明时节，或在一个普通得不能再普通的乍暖还寒的早晨，重要的是这场雨为二人的离别而来，为让彼此看见对方远去的足迹而来。飞扬的清尘在此刻选择了沉默，仿佛是为让其中一个人看清对方远去的身影。昨晚饯别的客舍此刻愈发显得青翠惹人，与新发的柳色相得益彰，直透苍穹，似乎要将整个天地染绿，从而晕染彼此内心的荒芜。昨晚轻舞飞扬的酒杯此刻沉重得无法举起，已经丝毫没有了当初相逢意气为君饮的豪情。也许有人可以勉力将它举起，奉至对方的唇边，杯中之物依然保留着当初的芳醇，更平添了今朝的浓郁。愿君再饮一杯家乡的酒，在心中保留中原的风土与故人。此地一别，君今一去，何止万里之遥。阳关一过，漫天的风沙会遮挡你遥望故乡的双眸，边塞的浊酒无法诠释中原的温柔与敦厚。此去如征蓬出塞，此去如归雁入胡，亲友全无，路远山遥，唯有沿君一路西行之足迹将牵挂送至天涯……

如若离别恰逢烟花三月，大江之上，黄鹤楼前，太白与浩然的相离亦可以逐渐清晰浮现了。

孟夫子风流天下闻名，却在鼎盛时期抛弃轩冕繁华，期待与松云为伍，白首山林。太白也许会自愧没有如此高远的境界，因为他自信长安的街市酒家在等待着他的光临，他自信绝非流落蓬蒿、侣鱼虾友麋鹿之人。不知是天下不知尔等，还是尔等不知天下，从而两者相负，不得融合。也许黄鹤楼上的仙云环绕不足以羁绊夫子的朝圣之路，扬州的三月繁花才是夫子心中所许，故选择在这样一个需要与朋友共赏的季节独自转身。借酒相送，看孤帆叠影，如黄鹤般驾清风西游，如弃绝红尘般弃绝故人与旧友。碧空茫茫，覆盖了辽阔的惜别；大江东去，承载着真情的相送。当年，太白从蜀中起航，去寻找自己的人生，曾借此水劈开群山，直入中原。此刻它与当时一样殷勤，代友人送君一程，送君直下扬州，再入仙境。而诗仙自己呢，则仍需回头遥望长安，可怜无数山峰阻拦，不得相见。再望前方，唯见碧空万里锁大江，故人已去，帆影浩渺，知向何方……

如若离别恰逢八月飞雪，漫天黄沙变琼白，边塞的豪壮随着胡笳与羌笛奏响在离别的军帐。岑参与高适，董大与武判官，清晰的轮廓，刚毅的线条清晰在字里行间，只因“千里黄云白日曛”，只因“忽如一夜春风来”。如若离别恰逢“雾失楼台，月迷津渡”，三秦之地虽厚重如山，却难以承载五津渡口的离别相送，王勃的爽朗与达观自然就鼓舞了后人，只因“海内存知己，天涯若比邻”。如若离别恰逢吴地寒雨连夜入江，芙蓉楼上觥筹交错，平明远眺，楚山淡远，正如故人远去后自身独立斜阳之形影相吊，王昌龄的冰心一片随着连江寒雨消融升腾在离人心头……

在沉醉于相逢的欣喜时，回头品味一下离别的惆怅，生命的广阔与厚重会增加不少。古人有心，留下了太多的诗意供我们模仿，在今朝，肉臭酒香粉饰了离别的内涵，有几人能在故人远去时低吟几句“浮云游子意，落日故人情”，有几人能在知己遇挫时慨然写下“我寄愁心与明月，随君直到夜郎西”！

古人远去，故人远去，诗意也注定要远去……

绿叶的事业

张晓宇

花朵的事业是尊贵的，果实的事业是甜美的，让我们做绿叶的事业吧，因为绿叶的事业是谦逊的。选择教师便是选择了绿叶的事业，唯愿能尽自己所能，让绿叶带来源源不尽的能力。

假期里有幸读了《做有灵魂的教师》这本书，生发了一些感想愿与大家分享。老师应当有一双会说话的眼睛。好老师的眼睛里是带着感情的，那是母亲般温暖的目光，每一个孩子在她的视野中应该是平等的。在日常工作中，老师会用自己的眼睛寻找孩子，关注他们在做些什么；课堂上，老师会用自己的眼睛注视孩子，捕捉孩子对知识学习的每一个信息，以调控自己的教学进程；生活中，老师的眼睛能给孩子温暖，孩子能在老师关切的目光中勇敢地走出课堂，走向社会！好老师的眼睛是会笑的——无声的语言里充满了关爱，充满了赏识，充满了热情。它要每天微笑着面对孩子，面对自己，面对生活每一天！一个老师如果在课堂上能尊重和理解孩子，每天微笑着面对孩子，孩子就会消除学习中的紧张感，消除对知识的恐惧感，消除对老师的距离感。同样，老师能勇于面对自己，就能保持一颗平常心，以良好的心态来勤奋工作，这样，每天就能感受工作生活中的乐趣并获得新的生活体验。

老师要拥有一颗宽容的心。有人说得好：如今我们身上的全部长处都是以前老师曾经夸奖过的地方，我们身上的大部分缺点也是当年老师曾经批评过的地方，我们至今还没有涉足的领域，也是当年我们初次涉猎而遭遇失败被他人抱怨或者嘲笑的地方。所以，一位老师要有一颗宽容的心，能够成为孩子的良师益友，要学会赏识孩子。在评价孩子时，你要能保持鼓励性的倾向，使孩子时刻感到自信，能激发孩子的学习欲望和兴趣；孩子犯错时，能给孩子一个台阶下；当孩子取得成绩时，别忘了给孩子送上一片掌声；孩子有疑难时，老师是孩子最好的心理医生和最真诚的朋友；当孩子大胆表现自己时，老师是最好的欣赏者。老师潜在的人格魅力会深深地感染孩子，在真诚的赞美、友善的态度中时刻不忘对孩子要有一颗宽容的心。

老师要营造一个富有诗意的课堂。新的课程标准要求我们必须树立以人为本的教育理念，好老师应能充分挖掘孩子的潜能，挖掘孩子的优点和长处，发展孩子的个性。“让每个孩子追求成功”是我们的教育目标。一个好老师一定会给孩子营造一个富有诗意的课堂，使教学成为师生生命发展的载体，焕发师生生命的活力。在这样的课堂里，师生是民主的、平等的，知识是师生互动生成的，孩子成绩的评价是全方位的。

每个老师心目中的好老师的概念都不同，但出发点都只有一个：为了孩子。你是不是一个好老师，我想家长、孩子都会感受得到。当一个老师能做到胸怀坦荡、豁达宽容、教书育人，他就成为一个好老师了！

读书，教师成长的基石

——《做有灵魂的教师》读后感

丁文静

假期有幸拜读了毛杰主编的《做有灵魂的教师》一书，刚刚看到这个书名时不是很认同，什么是有灵魂的教师呢？怎么做有灵魂的教师呢？通过细细品读，我慢慢解开了心中的疑惑。

田保华局长说："既然教师是人类灵魂的工程师，那么，做有灵魂的教师，就是对教师的必然要求。"有灵魂的教师，就是有思想、有追求的教师，就是有道德并能够坚守教育的道德要求，在功利侵蚀的大潮中保持一份从容和笃定的教师，就是能赋予学生以"价值生命"的教师。

怎么做有灵魂的教师呢？书中提到做有灵魂的教师，首先必须成为一个思想者，即具有独立思考能力和怀疑精神者。一个具有独立思考能力的教师，人格独立了，才能给学生良好的示范；思想独立了，才能教会学生用智慧去怀疑，去立论，去创新。

教师要想具有独立思考能力和怀疑精神，首先要读书，要爱读书、善读书、读好书。读书，才会有思考；有思考，才会有思想；有思想，才会有追求。因此，教师要学会"教书"，首先应该学会读书，学会思考，学会思想。教师读书是关系教育成败的大事。教师不读书，就不会有教育理想、教育信念、教育思考、教育智慧、教育活力、教育创新，概括成一句话：就不会有"教育生命"！教师是天生的职业学习者、职业读书人。只有读书，才能丰富自己的文化底蕴、提高自己的学识水平、陶冶自己的心性修养、升华自己的教育追求、积淀自己的教育智慧，才能修炼成为值得学生终身阅读的"圣贤之书"。因此，读书是教师的职业生活和专业生活的方式，是教师思想的本源，是教师追求的动力源泉。

书中第四篇篇名即为“品读：立学以读书为本”。譬如读《好妈妈胜过好老师》，教师们知道无论是家庭教育还是学校教育，教育都是相通的。书中的许多事例再次证明，作为一名教育者，只要真正从爱、理解、尊重孩子的立场出发，任何一个智力正常的孩子，都可以被塑造成为优秀的人才。如果我们真正爱孩子，那就从改变自己做起，从加强自身的学习做起。读《世界是开放的：网络技术如何变革教育》，教师们知道了以数字化、网络化、智能化为标志的教育信息化将教育带入了新纪元。“三通两平台”（宽带网络校校通、优质资源班班通、网络学习空间人人通，教育资源公共服务平台、教育管理公共服务平台）的建设，支撑起了现代的教学手段，构筑起了现代的教育传播途径，催生出了现代的教学方式，带来了信息化课程资源和网络化学习空间。网络，让这个世界更平坦、更深邃。柯蒂斯·邦克教授的《世界是开放的：网络技术如何变革教育》这篇文章，把教师带进了这个开放的教育世界。类似的例子还有很多很多，通过读书，教师们反思、感悟、成长。

苏霍姆林斯基曾指出：“读书，读书，再读书，——教师的教育素养的这个方面正是取决于此。要把读书当作第一精神需要，当作饥饿者的食物。”著名教育家朱永新老师说：“教师读书不仅是学生读书的前提，而且是整个教育的前提。”在他发起的“新教育实验”中，更是把营造书香校园作为整个实验的支柱来重视，营造书香校园的含义并不局限于教师读书，但教师读书是营造书香校园的重要内涵。也有人说，教师应该是“职业读书人”。读书是否该成为一种职业，我们姑且不论，但我们可以断言：读书与教师成长之间有着一种天然的联系，教师读书具有其专业价值。

时代的发展越来越需要综合能力强、知识结构全面的人才，反观我们的教师队伍，有多少教师在读书呢？少而好学，如日出之阳；壮而好学，如日中之光；老而好学，如炳烛之明。读书促进成长，立学以读书为本，世界上最伟大的思想都躲在书本里，等着我们去阅读、去探索。“世上几百年旧家，无非积德；天下第一件好事，还是读书。”所以，读书吧！让我们从今天起，自觉养成良好的读书习惯，拿出更多的时间与精力来读书，以求不断地完善自我、陶冶情操，努力实现理想的教育目标——追求有灵魂的教育，做有灵魂的教师，推进有灵魂的教学，打造有灵魂的班级，培育有灵魂的学生！

读《孩子，把你的手给我》有感

冯萌萌

大年初四，对我来说，异常欢喜，因为终于可以回到父母的身边了，所以一大早，就赶紧整装待发，带着对他们的爱以及丰厚的礼物，美滋滋地踏上回家的列车。

在家的前几天，欢声笑语，虽然偶有小侄子的无理取闹，但他总归是小，才三岁，还是哄着他较多一些。但随着时间的加深，我发现小侄子身上可谓劣迹斑斑，而我爸妈还有哥哥嫂子，几乎是置之不理，任其发展。于是“众人皆醉我独醒”的毛病又犯了，孩子可以淘气，可以调皮，毕竟是男孩子嘛，这点我是可以接受的，但是撒泼、打滚、乱丢垃圾、随手扔物品这些习惯，我是真真无法接受。更可气的是，就算你告诉他撒泼是解决不了问题的，随手扔东西的习惯不好，会破坏家里的环境等，但他对我类似的说教简直是充耳不闻、柴米不进，在做这些所谓的“不该做的事情”时，他心里知道不应该做，可依然抵不住诱惑，想看看触碰底线是什么样的后果。他这种试探性触碰的心理，让我忧心忡忡，毕竟孩子才三岁啊，他就这般不堪（当然，我说的有些夸张）。于是在晚上散步的时候，我就开始和老公商量，该怎么办，该怎么样去引导，怎么样去约束小侄子，最后和老公达成一致——暴力解决。虽然知道这不是最明智的做法，可是我们已经束手无策了，先采取这种办法，暂时阻止孩子往不好的方向发展。

手段已定，就差导火线了。果不其然，调皮的小侄子又开始把沙发上的抱枕扔到地板上，我先用语言劝阻他，无效，于是就告诉全家，谁也不能插手我对小侄子的教育（先把他的保护人劝离），紧接着，手掌就和他的小屁股发生强烈的撞击，边打边声喝，凄惨声一片，最后他终于臣服于暴力之下，自己把抱枕拾起，规矩地放到沙发上。这时，我心里有些许的安慰，然而内心却有强烈的不安和愧疚，会不会给他的心理留下阴影呢？最后，我又把小侄子搂住，轻声细语地安慰他，趁此也教育教育他。他的哭声终于止住了，又开始和姐姐妹妹玩去了。然而吃饭的时候，他突然看着我说“坏姑姑”，家人也跟着笑了起来。我先是一愣，突然意识到我深深地伤害了他，于是就说“姑姑爱豆豆”，来回两三次，他也就不再说了，或许心理的伤疤开始愈合了吧。然而我心中的担心和忧虑并没有因此消除，反而更加重了。

回郑州之后，我就开始查阅书籍，终于在《孩子，把你的手给我》一书中找到了方法，书中说：体罚的最大副作用就是它可能会阻碍孩子道德良心的发展。打孩子可以非常轻易地消除孩子的内疚：孩子已经为不端行为付出了代价，于是他会很随意地再犯。孩子会发展出一种可以称之为“记账”的方法来干坏事：他们会允许自己做错事，记在账上，然后用每周一次或者每月一次的挨打来分期付账。每隔一段时间，他们就会激怒父母，招来一顿打，有时候，他们只是要求惩罚，或者自己惩罚自己。

最后，书中给出了一些方法，为我们以后教育孩子的道路指明了方向：希望自己受到惩罚的孩子需要父母帮助他们控制内疚和愤怒，而不是顺从他们的要求。这个任务并不轻松，在有些情况下，我们可以坦率地讨论孩子的过错来减轻孩子的内疚和愤怒。当孩子有了表达内疚和愤怒的更好办法时，当父母学会更好的方法去制定和执行限制时，这种体罚的需要就会减少。通过对孩子的各种情绪表达同情和理解，我们就帮助了孩子在情感上变得聪明。在对他们不可接受的行为制定限制、执行限制时，我们表示了尊重，这样就为孩子尊重社会中的规则做好了准备。

自律，让灵魂达到更高的层次

孙雪娟

去年的时候有人向我推荐《少有人走的路》这本书，一直没有时间看，在寒假期间，终于腾出时间来看这本书。

《少有人走的路》是一本通俗的心理学著作，也是一本伟大的心理学著作，它出自心理医生斯科特·派克之手。这本书没有做过任何宣传，仅凭口耳相传，就达到了三千万册的销量，在《纽约时报》畅销书排行榜上连续上榜近二十年。

正如《少有人走的路》中文版序的第一句话“这不是一本时髦的书”，它不像文学作品一样会让读者有美的感受，也不如《怪诞行为学》之类的畅销书那样震撼，它甚至会让你感觉到一点点的不舒服，但同时，它也是一本一语道破我们长期以来所想却不敢想的好书。

《少有人走的路》这本书分为四部分：自律、爱、成长与宗教、神奇的力量。

人生苦难重重，这是我们大多数人不愿意承认的。我也一直希望自己是个幸运儿，哪怕暂时的困难，也希望今后一帆风顺，但是生活往往不尽如人意，人生是一连串的难题，面对它，我们是哭哭啼啼，还是勇敢奋起？有些人可能束手无策地哀叹，还有些人积极地想办法解决问题，并慷慨地将方法传给后人。解决人生问题的首要方案，是自律。这一部分我是非常有感触的。

人生是一个面对问题并解决问题的过程。问题能启发我们的智慧，激发我们的勇气；问题更是决定我们成功与失败的分水岭。本杰明说过“唯有痛苦才会带来教益”，学习亦是如此。不论是学生还是其他职业的人，都有这种感触，越是艰难的时期，越是收获最大的时期。直面问题，就要从小培养我们的自律能力。父母应该从小用爱来灌溉孩子，这样孩子才能意识到“我是个有价值的人”，有了这样的认识，便构成了健全心理的基本前提，这也是自律的根基。

除此之外，我们还应该培养孩子承担责任的意识。书中举了一个例子，有个军官酗酒，却不承认是自己的责任，所以找这本书的作者进行心理治疗，然后我们看到了非常搞笑的一段对话。

作者问他：“你喜欢读书吗？”

“是啊，当然啊，我喜欢读书。”军官说。

“既然如此，你晚上以读书代替喝酒，不是更好吗？”

“营房里太吵闹，我可没心思读书。”

“那么去图书馆看书怎么样呢？”

“图书馆距离太远了。”

“难道图书馆比酒吧还要远吗？”

“哎，说实话吧，其实我也不怎么爱读书。我的兴趣不在读书，我原本就不是一个爱读书的人。”

后来作者又问了酗酒军官是否喜欢钓鱼等类似的问题，对话过程类似。

看到这里，我不禁想到，我们何尝不是经常用类似的方法欺骗自己，给自己找借口呢？不能及时解决人生的难题，它们会像山一样在我们眼前。我们必须面对属于自己的问题，认为“这不是我的问题”一点好处也没有。

自律的另一点是尊重事实。我们越是了解事实，处理问题就越是得心应手；对现实了解越少，思维就越是混乱。虚假、错觉和幻觉，只能让我们不知所措。

自律，只要能够持之以恒地实践，任何人都能够使精神、心理和灵魂达到更高的层次。

庄子生死观产生的原因及其生死观的变化

——读《庄子》有感

徐宁宁

在中国传统典籍中，我喜爱儒家文化的务实进取，也喜欢佛家明心见性、直指人心的洞彻，而对于道家文化，尤其是以《庄子》为代表的典籍，我尤为欣赏《庄子》文字的幽深玄远、绚丽光华，庄子用锦心绣口吐出的文辞如一朵朵冰山之上不曾受世俗尘埃沾染的雪莲花般清丽脱俗，精妙绝伦，使人读后感觉口齿生香、三日不绝。无怪乎鲁迅先生在《汉文学史纲要》中评其文曰："其文则汪洋辟阖，仪态万方，晚周诸子之作，莫能先也。"

《庄子》这部书我前后读了五六回，尤其对于其中确定为庄子所作的内七篇，每一次都能读出新意，如民国大书法家吴昌硕临写石鼓文般，自谓"一日有一日之境界"。

每每读罢庄文，合上书卷，常有一种玄远缥缈、淡淡惆怅之感，不似读完《论语》《孟子》等儒家典籍之后的"十年磨一剑，霜刃未曾试"的踌躇满志，也不似在浸润佛家典籍之后"色即是空，空即是色"的超脱洒然。庄子在他的文章里，揭示着生命的孤弱、精神的奴役以及对于善恶的困惑，他为了解决这些痛苦与困惑，也提出了一系列的对策，以一种避世游世的心态戏谑嘲弄生命，甚至客串生命的角色。在庄子身上，我们分明可以看到近代西方哲学家叔本华、尼采的影子，同样地洞彻了生命的无意义和脆弱、不堪一击，感到迷茫又想通过赋予生命以艺术或审美等意义来寻求其价值，分明是一个思索人生终极意义的哲人形象；我们同时也看到了我国近现代民族魂鲁迅的身影，面对着社会种种不堪的现实状况：战乱纷争，统治者视人民的生命如草芥，"窃钩者诛而窃国者为诸侯""颜渊寿夭而盗跖长命"；等等。善恶不分，儒家鼓吹的仁义道德何在，佛家宣扬的善恶有报的因果轮回又体现在哪里呢？往常我们读庄子后的第一印象是庄子避世游世，以一种玩世不恭的态度来对待人生，但我们思考这些文辞后面隐藏着的他的内心的真实想法后，才明白他实在是太书生意气了，对人生太认真了，面对着如此不堪的社会现实，他由此而产生了绝望的心理，像我们的民族魂鲁迅一样，面对着国民的劣根性、民族的羸弱，在“哀其不幸，怒其不争”的无奈之余撰文批判，只不过后者对人生始终有着疗救的积极的愿望，引领着当时的青年，为从根本上改变国家、民族而努力着，最终成了当时青年人的精神导师，促进了中华民族的进步；而庄子则由绝望而生出虚无主义的思想来，遂颓堕不恭，由避世游世以致堕世，乃至通过种种方法离世，以期获得精神上的解脱。

庄子生逢乱世（据学者考证，庄周是宋国人，且经历了宋国灭亡等一系列重大变故），作为那个时代清醒的有良知的知识分子，他对乱世中个人所遭遇的种种痛苦有独特而深刻的体验，再加上他独特的视角，对生命的洞彻，成了他思想的起点，痛苦的起点，对人生命运的痛苦感受成了他思想得以酝酿和形成的精神根源。因此我们可以这样说，庄子骨子里有一种痛苦感。而在行文上，他常常对世事采取一种冷漠淡然的态度，甚至冷眼旁观、冷嘲热讽，以至于世人认为庄子的本意是让大家都能安时处顺、与世界和解，像屈原笔下的渔父那样随波逐流、淈泥扬波、与世推移。但庄子更多的是感到生命渺小而自己无能为力后的无奈，他只有用玩世不恭的态度来劝慰自己，以期获得内心的平和宁静。

战国时期因为战争人们相互残杀，人民生活处在高压政策之下。各个国家为了加强统治，富国强兵，称霸诸侯，先后进行了变法，制定了各种严刑酷法。传统的以德治国的方略被战国以来兴起的以刑治国所取代，大量平民或被杀害，或被施以刖刑、髌刑等，丧失劳动能力，以致人人自危，民不聊生，造成了苦难的“人间世”。正如《在宥》所言“今世殊死者相枕也，桁杨者相推也，刑戮者相望也”，又如《人间世》所言“方今之时，仅免刑焉！福轻乎羽，莫之知载；祸重乎地，莫之知避”。这一点我们也可以在和庄子同时代的孟子的著作里略窥一二。《孟子·梁惠王上》：“今夫天下之人牧，未有不嗜杀人者也。”《孟子·公孙丑上》：“民之憔悴于虐政，未有甚于此时者也。”而在庄子所在的宋国灭亡前近半个世纪，宋国是在宋王偃的统治之下，宋王偃暴虐嗜杀，当时各国称之为“桀宋”，加之宋王偃时期统治阶层内因争权内斗而分崩离析，人民日常生活混乱不堪、朝不保夕。再加上庄子生于宋国易代之际，身为宋国没落贵族的他，此时连一个稳定的国家都没有了，其内心的痛苦可想而知。而在那个时代，儒家所提倡的政治理念和伦理道德也被人们践踏得所剩无几，正如在《庄子·胠箧》中他一再质问“田氏代齐”的不合理性，发出“彼窃钩者诛，窃国者为诸侯，诸侯之门而仁义存焉”的质问，最后走向极端，认为是儒家的仁义道德败坏了世俗，从而提出“圣人不死，大盗不止”的结论。

其次还表现为大规模的战争。在那个时代，动辄几万人十几万人的斩首。如秦赵长平之战后，白起坑杀赵军降卒40余万。大规模的战争导致了无数的劳动人民死于战场，这正像孟子所批评的“率土地而食人肉”。战争还导致了大片的土地不能按时耕种和收割，无数的人被饿死，遍地饿殍，更加重了当时的惨况。庄子认为战争是造成当时人们苦难的根源之一，因此，庄子作为那个时代有良知的知识分子，时常描写战争，并表达其反战思想，流露出了对世人的悲悯和无能为力。例如《齐物论》提到尧想攻打宗、脍、胥傲等小国，受到舜的批评。并且，庄子对于他所生活的那个时代发生的频繁战争，用寓言给予了极大的嘲讽：“有国于蜗之左角者曰触氏，有国于蜗之右角者曰蛮氏，时相与争地而战，伏尸百万，逐北旬有五日反。”（《则阳》）

然而看到这一步，如果我们仅仅认为庄子只是那个时代在面对严酷现实时发出激愤言论的愤青，那么庄子也就不会成为中国历史上的大哲了。可以如是说，如果没有道家，没有庄子，中国哲学将抽取大半精髓，变得疲弱不堪。

在哲学上，以庄子和老子为代表的道家学派的哲学理论，构筑了中国哲学的基本框架。影响中国最大的三股学术思想分别是儒、释、道三家，而尤以儒家为最盛。但儒家的影响也仅限于政治伦理、社会伦理、教育伦理等方面，而在哲学上，尤其是关乎人类终极问题的思考上则关注不够。比如生死问题的探讨上，宇宙的起源上，儒家都避之不谈，而是将主要目光锁定在与人事密切相关的较务实的政治、社会、教育等问题上。而当孔子的学生问起孔子有关生死与天道的问题时，孔子以“未能事人，焉能事鬼?”“未知生，焉知死?”“天何言哉？四时行焉，百物生焉，天何言哉?”等语搪塞过去，他认为“天道远，人道迩”，不过分关注人的终极意义上的生死问题。即使“慎终追远”地去重丧和祭祀，也是为了最后的“慎终追远，民德归厚矣”（《论语·学而》），为了实现家国一体的理念，为了统治阶级的统治服务。以笔者之见解，释教在生死观的问题上也不甚高明，讲求因果报应，生死轮回及神不灭，将人引向愚昧的不可知的来世，靠麻痹人本身的灵魂来换得一时的解脱，让人们安分守己、忍辱负重、心甘情愿地过着受剥削、受奴役的生活，最终目的还是为了政治统治服务。这在现代唯物哲学面前变得不堪一击，不攻自破。而与此相反，庄子等道家学派的代表人物在面对社会的巨大变化时，思考其更深层次的内在原因，从自然天地以至万物变化的情状，乃至社会方面历史的、政治的、人事的成与败，存与亡，祸与福，并从具体事物中抽象出自然法则或规律——道。尤其是在对待生死上，庄子由最初的明哲保身式的全生避祸，发展到自我安慰式的自我劝解，到齐同生死，又到最后的贵阴乐死。下面我从《庄子》一书中的材料来论述我的观点。

《庄子·山木》中开篇讲了两个故事，一个是以不材得终其天年的大木，一个是以不能鸣而被杀的雁。弟子怪而问之：“昨日山中之木，以不材得终其天年；今主人之雁，以不材死。先生将何处?”庄子笑曰：“周将处乎材与不材之间。”又《人间世》中有一棵长寿的栎社树，而其之所以长寿，则是因其“是不材之木也，无所可用，故能若是之寿”。而《人间世》中的栎社树之所以能够养其身，终其天年，是因为它身体畸形发展，才躲避了许多毁生灭生之患。这里庄子认识到生命的无常，企图通过各种方式全生避患，以求寄身于乱世。

而在《知北游》中，庄子假托老聃之口说，“人生天地之间，若白驹之过隙，忽然而已”。在《德充符》中，庄子游说卫灵公的故事，得出了忘身忘形的方法，那就是“有人之行，无人之情”，并进一步解释说“有人之行，故群于人；无人之情，故是非不得于身”。并且《德充符》下文通过惠子和庄子的辩论，更进一步阐述了“无人之情”的游世思想，即所谓“道与之貌，天与之行，无以好恶内伤其身”，从而达到离世忘情，这些在庄子一系列篇章中所描写的及其所假托的一些不合世俗礼法的表现则也是他了脱生死、参尽人生后的豁达，是其忘情忘世人生哲学的更高境界。如《庄子·至乐》篇中，庄子妻死，惠子凭吊的时候，只见庄子正箕踞鼓盆而歌。又如《庄子·养生主》中，老聃死，老聃的朋友秦失去凭吊，哭了几声，然而庄子的弟子指责说其“非夫子之友”。再如《庄子·大宗师》中，子来将死的时候，他的妻子环而泣之，子犁去吊问时，斥责了她。这些都在一定程度上表现了庄子对生死态度的自我安慰式的超脱。这是其面对生命无常时的自我安慰，并为其后来能齐同生死做思想上的铺垫。

《庄子·齐物论》：“物无非彼，物无非是。……虽然，方生方死，方死方生；方可方不可，方不可方可；因是因非，因非因是。”有“万物随生随灭，终始无端，浮游无定”的思想。《庄子·大宗师》：“古之真人，不知说生，不知恶死；其出不䜣，其入不距；翛然而往，翛然而来而已矣。”在《知北游》中也说“已化而生，又化而死”。在这里庄子齐同生死，认为死生一体。死对于世人来说，已不是什么可怕的，因为死生同体，万物为一，庄子由齐同万物再到齐同生死，这是其哲学思想在人生思想问题上的具体反映。

庄子由齐同生死，发展到后来的贵阴乐死。《大宗师》中托孔子、子贡与子桑户的一段故事，体现了这一点。子桑户死后，孔子派子贡前去凭吊，只见众人“或编曲，或鼓琴，相和而歌曰：‘嗟来，桑户乎！嗟来，桑户乎！而已反其真，而我犹为人猗！’”在这里，子桑户友人称死亡为“返其真”，以“我犹为人”为憾事，显然有肯定并乐于死亡并厌恶生命之意，正是“恶生乐死”的意思。再看篇中假托孔子之叹服子桑户友人：“彼方且与造物者为人，而游乎天地之一气。彼以生为附赘悬疣，以死为决疣溃痈，夫若然者，又恶知死生先后之所在！”所谓“以生为附赘悬疣，以死为决疣溃痈”，乃是极端的

“恶生乐死”。《庄子》外篇中的《至乐》一篇，是承袭《大宗师》而作发挥，篇中庄子问髑髅：“吾使司命复生子形，为子骨肉肌肤，反子父母妻子闾里知识，子欲之乎？”而髑髅却回答说：“吾安能弃南面王乐，而复为人间之劳乎！”这段话反映出庄子的见解是以死后为“南面王乐”，以生为劳苦。由此亦能见庄子“乐死恶生”之思想。这样，基于庄子独特的人生哲思，庄周及其弟子竟建立起一种中国史上罕见的讴歌死亡与死后世界的学说，而又不同于佛教的期盼于来世的因果报应，生死轮回，在秦代以后的思想史上罕有继承者。这当然一定程度上反映了庄子对当时活人生活着的人世间的不满与无奈，现实中有太多的苦难，人活着生不如死，既不寄希望于来生，也不寄希望于活着的时候所取得的功名利禄。但从另外一方面来说，也表明了庄子不为物役超脱洒然的人生态度。

在这里我仅就《庄子》一书，勾稽了庄子思想形成的社会基础，重点阐述了其人生哲学的发展变化。即由最初的明哲保身式的全生避祸，发展到自我安慰式的认为人生短暂，刻意地采取一种反叛流俗的方式去面对死亡，到齐同生死，又到最后的贵阴乐死。其思想的一步步发展，零散地分布于《庄子》的内篇、外篇、杂篇中，本文无意于驳正三者孰先孰后及其内在关系，只是辑其要者大致勾勒出其人生哲学的四个不同阶段而已。

第二节　师魂奠基

为进一步推进郑州八中教师的师德师风主题教育活动，全面提升广大教师的思想政治素质和职业道德水平，以先进人物为榜样，践行社会主义核心价值观，在学习实践中不断提升教师思想道德素质，郑州八中每年都举行师德师风演讲比赛活动。

通过多年来师德演讲活动的开展，郑州八中大力弘扬教师爱岗敬业的无私奉献精神和团结协作的集体主义精神，力争一流的开拓创新精神和求真务实的科学研究精神，促进师德师风转变，积极营造师德师风建设良好氛围，进一步推动《中小学教师职业道德规范》的贯彻落实，实现师德素养、教师形象、服务水平、教学质量的“四个提升”，促进郑州八中教育教学工作健康蓬勃发展。

党旗引领，初心筑梦

王乐怡

亲爱的老师们：

大家好！

今天我师德演讲的主题是：党旗引领，初心筑梦。

我很感激，此时此刻，我拥有这宝贵的机会能够在此倾诉衷肠；我很感激，我选择了班主任这份工作，使我收获颇丰，受益匪浅；我更感激，从我工作至今，我亲爱的孩子们伴我始终，让我能够和他们一起分享，共同成长。

不忘初心，方得始终。习近平总书记在十九大报告中指出，中国共产党人的初心和使命，就是为中国人民谋幸福，为中华民族谋复兴。党旗飘飘，时代的风吹雨打，从未让共产党人的初心褪去颜色。九十八年（1921—2019）来，理想不灭，信念永续，使命召唤着我们继续奋斗。党旗飘飘，也召唤我作为一名人民教师时刻不忘初心。

不忘初心，就要坚守初心。如何做一名真正有师德、有品行，受学生欢迎和爱戴的好老师呢？我认为，那就是不忘初心。我常常会问自己，初心是什么？是“人之初、性本善”的那份纯真，还是“人生若只如初见”的那份美好，或是“不畏浮云遮望眼”的那份勇气，或是“惯看秋风春月”的那份淡泊？我也常常思考：我的初心是什么？是一时萌发的想法、一时涌动的冲劲，还是突如其来的热情？后来，我懂了。

我懂了，因为我记得：我记得，第一次面对学生时的兴奋；我记得，第一次上课时孩子们那一张张稚嫩的脸庞；我记得，第一次和学生出去军训时的酸甜苦辣；我记得，当我班孩子腿烧伤时我流下的泪水；我记得，第一次教师节学生给我满满的感动……这些让人记忆深刻的细节难道不是这个职业追求的初心所在吗？这颗初心，时时被感动，时时被感染，时时被充盈！

不忘初心，就要坚守真心。何谓“真心”？陶行知曾说：“千教万教教人求真，千学万学学做真人。师德如兰献真爱，用真爱言传身教，是师德的核心之所在。”这更是教师的初心所在。我还记得我们班有一个叫沈兆帆的男孩子，内心善良、乐于助人，因为体型特别大，青春期脸上长痘，再加上学习成绩不理想，他十分不自信，我总是鼓励他，并在班委竞选时鼓励他竞选，当最后宣读班委名单有他时，他那眼神里溢出的全是激动和喜悦，月考成绩他相比入学时进步一大截！可见，这种爱是无条件的接纳。也许，我们一个信赖的眼神，一个鼓励的微笑，都可能带来巨大的效应。

不忘初心，更要坚定信心。这种信心来源于我们的信仰，作为党员，党和国家对我们提出了要求，寄予了厚望。班主任的岗位很平凡，也很清贫，也许工作有时候还很琐碎，但却崇高而伟大，我们所从事的是一件教书育人的伟大事业，需要我们满腔热情，真诚奉献；这种信心来源于我们自身的职业能力，“行在示范处，言润心灵间”，春风化雨，诲人不倦；这种信心来源于我们的职业理念：爱生如子、爱生如友、爱生如己。我们要在感恩组织的同时，兑现对学生的承诺，把个人理想与组织需要结合起来，时刻提醒自己踏实做人、务实做事，将学生的期待作为工作追求，就一定会守得花开见月明！

不忘初心，砥砺前行。党旗引领，用爱去播撒教育的种子，才能成就学生的未来。最后，我想用一首写给自己的座右铭表达我对这份职业的敬畏与爱，同时也结束今天的演讲：

每一寸时光
用我们平凡的生命
沿着太阳光芒
播下我们无私的信念
你看那前方道路
漫长坎坷，充满未知

我们无畏向前

让那些虚幻色彩

随风飘散

不忘初心，方得始终！

我身边的“他们”

荆体磊

学为人师，行为世范。十九大报告中习近平总书记提出：立德树人，才是教育的根本目的。2015 年的秋天，我来到郑州八中，成为 2018 届的一员。在我的身边，有这样一群人：

她是大家心中的“最美教师”，学生口中的杨妈妈。她，就是我的师傅——杨清娥老师。都说这天底下老师对学生的感情是爱，而在师傅杨老师那里我看到了这样一种感情：那是一个放学后的中午，在办公室的一角，我远远地发现一个穿着校服的男孩儿站在杨老师的办公桌前好像撒娇一样跟杨老师哼哼唧唧的，可没过一会儿他就嗖的一下蹿了出去，循着声音应该是跳跃着下楼奔着校外，扬长而去，而此时师傅的口中却还在谈论着班务。没错，那就是杨老师的儿子——李松泰。杨老师用有限的时间将无限的母爱播撒给了一届又一届的学生们，可真正当自己的儿子在自己的班里时，她却不能像一位妈妈一样陪自己的儿子聊聊天，哪怕只是简单的哼哼两句，两年来我也只见过少数的几次。师傅经常说，不为人父母，永远也体会不到看见自己孩子的时候那种心软，软到甚至可以原谅一切。就是这样一种师爱、母爱以及有时想爱又不能爱掺杂起来的感情，叫大爱。

1996 年，一位扎着小辫的姑娘来到了郑州八中，20 年后，我有幸成为她的徒弟，此时的她已经是终身名师，她就是黄爱华老师。时间是流动的，又似乎是停滞的，就这样 20 年的时光过去了。时间改变了很多东西，从刚到八中时学生口中的“黄姐姐”到现在的“黄妈妈”，称呼变了，但不变的是黄老师热情工作的状态。几年来，我感受很深的也正是黄老师那种状态，我想，这就叫热爱。或许有一天“黄妈妈”会变成“黄奶奶”，但我们有理由相信，热爱会让这一切变成永恒。

两个月前我来到了2019届这个大家庭里，在这儿，有我初中时一位朋友的班主任——冯志娟老师。她担任了2019届的年级长，也是秋天的妈妈，就是那群几乎每天傍晚都在校园里嬉笑玩闹的孩子中的一员。每天他们脸上除了常见的笑容和偶尔与小伙伴起争执时噘起的小嘴儿外，似乎看不到忧愁。他们已经习惯了放学后来到爸爸妈妈的单位里结伴玩耍。人类是群居动物，天性如此，这点在孩子身上格外明显。八中校园里的孩子们常常三五成群，偶尔的形单影只是他们每天放学后的剪影。他们何尝不想像别的同学那样，放学后有爸爸妈妈、爷爷奶奶陪着一起出去走走，打打牙祭，能有安静的环境写作业，能在困了累了的时候躺在床上……可是他们，甚至就连玩累的时候都只能在办公室的桌子边趴上一会儿。他们，是在八中校园里长大的孩子，是我们自己的孩子。一个人的付出叫作努力，带着孩子、家庭一起付出叫作奉献！

在数学组，就有这样一位男神。他一肩担负家庭的重任，一肩挑起繁重的工作，连任二十多载班主任的他每一步都走得那么坚实。他就是我们的教研组长，是我们组里的先锋与旗帜——李秀成老师。除了数不胜数的论文成果、特级教师的金字招牌外，我看到的李老师是这样的：他总是早早来到办公室开始批改作业，也总能早早进班准备上课。我知道李老师的这个原则：从不迟到！严于律己是李老师的写照，每一节随堂课上，所有涉及的概念都精准到近乎完美。而上完课后，他都会细心地根据班里的实际情况对课件进行调整，他的每节课都是我们组青年教师膜拜的优秀模板！化抽象为具体的Flash动画、数形结合的几何画板，但凡是有助于学生理解抽象知识的工具，不论难易，李老师都会在这上面花时间一点一点地钻研，在他的课堂上，这些都是家常便饭，但学生们殊不知这其中：数数含辛茹苦，线线意切情深！

园　丁

陈璟韬

尊敬的领导，亲爱的老师们：

大家好！

我今天演讲的题目是《园丁》。也不知从何时起，“园丁”这个词已经不单单指在公园、花园或果园中负责栽培护理园内植物工作的从业人员，提到园丁，大家首先想到的是辛勤的老师。

柳仲甫《园丁之歌》中说得好，“好花要靠园丁育”。我们八中就是一座大花园，来这里的孩子是我们的苗，我们就是园丁。

园丁和老师到底有哪些关联？有着何种共同的精神和情怀呢？“gardener 园丁”一词，其实我们中国人不常使用，与之类似的是我们的农民。

我的根在农村，对土地庄稼和果园有着一份特有的感情。从教几年，我越发觉得教师群体跟在田间劳作的农民和在园中辛勤奉献的园丁非常相像。我们教师扎根在教育这片土地上，我们守着我们的田园，日夜操劳，朝往而暮归，就是希望能把我们的学生们培养成才。

我的爷爷，1941 年出生，是一个地地道道的农民，精干，枯瘦，黝黑的皮肤，如今道道皱纹如蛛丝般爬满了脸颊。我从小就记得爷爷奶奶早起劳作于田间的场景，见过农村热火朝天的大家一起干农活的场景：精心选种、赶着牛犁地、耙地、播种，播种后还要在地里扎上稻草人，以免飞鸟来啄食种子。爷爷总是闲不住，天还蒙蒙亮的时候就到田头，看看种子的发芽情况，当芽苗发育齐整的时候，脸上总挂着笑。后来便是除草、打农药。说起来轻松，只有真正经历过的人才能体会“锄禾日当午，汗滴禾下土”的辛酸。我们这个地方春季多干旱，那时水利不兴，最重的活是浇地。一天接着一天，爷爷几乎没有哪一天是闲着的。终于迎来收获的季节，他的脸上洋溢着丰收的喜悦。为了这一季的丰收，爷爷倾注了多少汗水！

再反观一线教师群体，从事着更为复杂的育人活动。要说农活是看得见的，干完一个阶段还能缓一缓，对学生的教育管理能缓吗？老师们备课、上课、批改作业外还有许多不能直观但确确实实存在的心血付出。左手一个电子教鞭，右手一支粉笔，一边写一边念，书本翻过一页又一页，知识传播了一遍又一遍，身姿挺拔站在讲台前。一次又一次谆谆教导，一次又一次促膝长谈，一次又一次说着鼓励的话语，一次又一次加班到很晚，有些工作甚至还要带到家里。学生是家长送到我们面前的一株株幼苗，只有在老师的春风化雨下才能茁壮成长。其实，孩子们身上一半是天使一半是魔鬼，需要老师无微不至的关怀和睿智的点拨才可以去芜存菁，成长为国之栋梁。

老师和园丁、农民的共同点，我想就是同一份责任，不畏艰辛的奉献精神，无微不至的关怀照顾。老师常常被比作春蚕和蜡烛，奉献着自己的光和热，成就学生。

随着时代的发展，随着农业现代化和土地流转的施行，农村的生产效率大大提高，农活已然没有爷爷那个时代那么重了。可我们教育这片土地的生产力还未得到解放，有着内在的教育规律起着作用，我们的老师也是任重而道远。

“学高为师，身正为范”，这句训言是每一个走上三尺讲台的老师的准则。十年树木，百年树人，教育是国之大计，而老师正是祖国教育大计的践行者。师者，不仅仅授业解惑，更在于在行为习惯规范上起到引领作用。孩子们的未来和国家的未来都建立在优秀教师队伍身上，我们应时刻谨记我们的准则。

良好的品行是教师最棒的人格魅力。我们应该向默默耕耘在教坛的前辈们学习，担起为师者的尊严和风骨，为祖国的教育事业撑起一片蓝天。

如果当初

郑雅文

甘肃会宁是一个贫困县，因盛产高考状元而被誉为“状元县”。“老师苦教、学生苦读、家庭苦供”是会宁教育多年来的“三大法宝”，在教育界被誉为“会宁精神”。然而，就在尊师重教的会宁，2018年11月启动的一次招录警察计划，引得大批基层教师离岗。据统计，当年总共招录了189名警察，其中有171名来自教师行业。教育强县为何出现大面积离职潮？教师职业梦想究竟安放何处？亲爱的老师，漫漫教育路上，你也曾迷茫，也曾动摇过吗？

两年的工作生涯，我有过无数次的迷茫与纠结，我常在想：如果当初不是选择当老师，我的工资也许会更高；如果当初不是选择当老师，我的生活也许会更舒适；如果当初不是选择当老师，我也许会有更多时间陪伴家人；如果当初不是选择当老师，我也许会有更多的时间培养兴趣爱好；如果不是当初选择当老师，我也许不会因为发愁学生的成绩而深夜徘徊在田径场。

每次站在八中的田径场上仰望星空，注视着深夜依旧灯火通明的办公楼，我的内心总会重新充满力量。因为在那里，我总能看到“无须扬鞭自奋蹄”的老八中人——他们优雅、智慧、合作、谦逊；他们用爱心安顿了躁动的学生，用片片真情带动着八中新生的力量。这不停的脚步来自责任的动力，奉献的情怀源于心底对八中、对教育事业的爱。他们似乎忘记了岁月的斗转星移，默默谱写着季节的春华秋实。

我来自八中，在八中有一群最可爱的人，今天我向大家介绍其中的一个——我的师傅刘红红老师。她从来都是慈母心肠，从来都是热切面庞。言语中既有无尽的期待，又有体贴的关怀。你做得好，她云淡风轻地肯定；你做得不好，她及时实用地为你指导。她是慈母，却从不娇惯我们；她是严师，只盼我们青胜于蓝。我讲课，她关注到细枝末节力求尽善尽美；我带班，她默默关注寻找契机为我排忧解难。不只是我，还有学校中众多的他和他们，刘老师都看在眼里、放在心上：谁的孩子生病需要找个大夫，谁的班里家长会有点为难，谁组织的活动服装还没有搞定，谁和谁的关系需要个中间人来舒缓……她的心该有多大，才能装得下这么多的人、这样多的事儿！她不辞辛苦在冬至日带领全组的兄弟姐妹们包饺子过节，她滔滔不绝只为把某个老师的课优点说够、缺点说透，她甚至充当着“恶人”的角色在我们犯错时严厉批评，却不知我们因此而更爱她……是的，我们爱她，既爱她的柔情，也爱她的严格。她就是普普通通的一个八中人，平凡而伟大的八中人。

流水它带走光阴的故事，改变了一个人。现在，我常常想：如果当初不是选择当老师，我不可能收获来自学生温暖而清脆的问候；如果不是当初选择当老师，我就不能收获由学生进步而带来的喜悦；如果当初不是选择当老师，我无法看到学生投来的最信任的目光；如果当初不是选择当老师，我可能不会感受到影响他人的价值感；如果当初不是选择当老师，我不可能拥有桃李满天下的幸福感。所以，我庆幸，那一年，我走上了三尺讲台！

让我们一起在青春的芳草地里编织着一个美丽的梦：写下真理，放飞希望，播撒智慧，收获芬芳。

向着阳光，野蛮生长

李玉娇

尊敬的各位领导，亲爱的前辈们、老师们：

大家下午好！

我是政史地组的小小少年——李玉娇。今天我演讲的题目是《向着阳光，野蛮生长》。

阳光象征着希望，象征着方向，象征着与我们相遇的所有美好的事物；野蛮，是一种生长的姿态，野火烧不尽，春风吹又生；物换星移，万物皆有始终，有所兴，有所灭，唯生长无穷尽。所以，我要向着阳光，野蛮生长。

我们阳光四溢的政史地组有一个大大的“太阳”，散发着光芒，引领着我们，他就是涂金生老师。我虽从未上过涂老师的课，但偶然的机会让我与他有过一面之缘。精神烁烁，情绪饱满，远远地就可以感受到他不息的教育热情，触动着我们，感染着我们。同时，关于涂老师的故事我们也一直在传诵。一个名字，一句问候，细微之处，彰显的是涂老师的耐心、关心和用心；照片收集、文章写作、资料收藏，记录的是涂老师对学生满满的爱，对八中满满的爱。涂老师散发着光，散发着热，为人师表，行为典范，我们何其幸运有着这样的大师引路前行，我们何其幸运有着这样的一束光来督促成长，我们怎能不野蛮生长。

张翔老师是我们政史地组的力量之光，是我们的主心骨、安心石。淡定如松竹，清泉心中留。再困难的事情，再复杂的决议，张老师都能边浇花边微笑地告诉你，“你可以的”，“你做得到”，“这都不算什么”。云淡风轻之中，便让你安静下来、沉淀下来，带给你无穷的力量和信心。在漫漫的历史长河中，阿基米德没能撬动地球，汉谟拉比没能编完法典，拜占庭没能守住君士坦丁堡，但我们的张老师却能博古通今，带领学生一起感受历史风云的变化，让学生在历史的海洋里遨游，给学生以无穷的力量。这就是我们的张翔老师，用自己的睿智和风雅给予我们力量和支持，这束光照着我们野蛮生长。

有这样的一群人幻化成光，温暖着我前行，她们，是她们，我亲爱的政治组家人们。前几日的我一直处于“兵荒马乱”之中，一度状态非常颓废，是欣欣姐的开导重塑了我的信心；当我课程出现了偏差，是丽玲姐拨云见日，给我理清思路；当我讲课烦躁的时候，是春红姐恨铁不成钢的眼神激励了我；当我思绪混乱，想不出课的切入点的时候，是春娟姐帮我找资料找参考；当我讲课遇到了瓶颈，是孟姐跨校区来给我听课评课；当我灰心丧气的时候，是杨宁姐送来了鼓励；当我手忙脚乱，不知道下一步该做什么的时候，是雅文姐在旁边告诉我，别紧张，慢一点儿，咱还有时间；还有贾老师、任老师，他们热心、细心地对我进行远程指导。平常的我可能不善言语，不会表达自己的情感，但你们说的话，为我做的事，对我的这些好，我都记在了心里，我会带着你们的期待和希望，永远地野蛮生长下去！

感恩我所遇到的所有美好的人和事，你们就是我的光，我会努力前行。

少年心气，未至脱胎换骨；栉风沐雨，亦可道不远人。

最后我想对自己说一段话：

无论是现在还是未来，我希望当你面对困难、质疑的时候，甚至是一些诋毁的时候，你都可以不屈服、不媚俗，可以向着自己想要生长的方向，向着阳光，野蛮生长。

第二章　弘德有形

郑州八中，是知识的摇篮、创新的基地。在这里，教师立德树人，不断追求新知；在这里，他们感悟“德是教育的灵魂”；在这里，他们分享教育教学的点点滴滴，开始了八中的故事……

一个国家、一个民族不能没有灵魂，而教师的工作，就属于培根铸魂的工作。文以载道，士以弘道，是古往今来无数教育家的价值追求。教师是人类灵魂的工程师，肩负着启迪思想、陶冶情操、温润心灵的重要职责，承担着以文化人、以文育人的重要使命。《左传》中说：“太上有立德，其次有立功，其次有立言。”这“三不朽”中，立德居首位。教师是致力于人类精神世界完善的人，不仅需要用自己的思考滋养人们的心灵，也需要能实践这样一种精神，真正做到知行合一，在自我反思和实践中不断提升自己，做到德艺双馨、德业双馨。

韩愈有言：“师者，所以传道授业解惑也。”在八中，老师不仅让学生在启发式讲授中获得知识，更要授人以渔，让学生学会获得知识的方法。无论是课堂教学、班级管理还是学法指导，他们因材施教，育德育才，不仅“传道授业解惑”，更要做学生理想的点灯人。

在八中，教师因材施教，育德育才；教师传道授业，启发创新。翻开教师的用心记录，一点一滴的心灵感悟都集聚着大德与大爱，字里行间传递的都是他们的思考，是向上向善的价值观。守正学生发展之根，成就生命美好未来，每一位八中人都在砥砺前行的路上！

第一节 课堂教学篇

打破固定思维模式，培养成长型思维

李秀成

在和某些学生谈心时，经常会听到这样的话：

“我比较笨，怎么也学不好！”

“我同桌天生就聪明，我和他比不了！”

“我一直行动都很慢，总是比别人慢半拍，我妈都说我磨蹭！”

“我爹妈的数学都不好，看来我是遗传的。”

相信其他老师也听到过类似的话，这时候，老师的回答往往是这样的：笨鸟先飞早入林，只要你肯努力，你一定能做好的，你要相信自己，关键是要端正态度……

应该说，这样的回答没有什么问题。

如果有一天，当你表扬某个学生这次的考试成绩很让人满意时，如果他说：“老师，我觉得我还能做得更好！”那么，恭喜你，你的这个学生很有潜力。

其实，作为一个有一定实践经验的老师，在日常处理学生的问题时都自觉不自觉地遵循了科学的教育规律。

不管是对于老师还是学生，如果对这些规律有一个清晰的认识，相信我们的教育效果会更好。

以上的两种谈话场景代表着心理学中关于思维模式的两种类型：固定型思维模式和成长型思维模式。下面就来谈谈这方面的问题。

一、固定型思维模式和成长型思维模式

2017 年 9 月 19 日，全球奖金最高的教育奖项“一丹奖”公布首届获奖名单，美国斯坦福大学心理学教授卡罗尔·德韦克摘获该奖。德韦克通过十几年的研究，提出了人的思维方式分为两种：一种是固定型思维，一种是成长型思维。

具有固定型思维模式的人，总是相信自己的聪明和能力是一成不变的，会急于一遍遍证明自己是聪明的、有能力的。

具有成长型思维模式的人，则相信能力是可以培养的，努力可以让自己变得更聪明，成功是靠自己的努力奋斗得来的。

成长型思维的教育理念是：相信智力是可以靠后天努力而改变的，鼓励孩子积极评估及发展自己的潜能。

拥有成长型思维的孩子，做事不易放弃，更能从做事过程中享受到乐趣，更容易寻求帮助，复原力（碰到逆境、创伤、悲剧、威胁或其他重大压力时能很快调整恢复）更强，很快就能从失败中爬起来，不断地提高自己，潜力巨大。

二、两种思维模式形成的原因和主要特点

可以这样说，生活中大部分成年人的思维模式都是固定型思维模式。一定的生活环境和成长环境，受教育程度和个人的生活经历，造就了人们习惯上用一种固定的模式来思考问题或判断是非。有时候，你可以说他很固执，因为他的价值观、人生观和世界观已经形成，不可能因为别人的观点而改变自己为人处事的风格。从某种意义上说，固定型思维模式是一种相对封闭，具有个人保护意识的思维模式。

研究发现，那些取得比较大的成就的人，往往具有独特的思维模式——成

长型思维，他们不相信失败，善于总结经验教训，勇于从挫折中重新振作起来。他们看问题的角度也往往与众不同。具有这种思维模式的人往往善于思考且大多经历丰富，当然也有一定的环境因素和他所受教育程度的影响。

二者的主要特点可以说是完全对立的，如下表所示。

思维模式	固定型思维	成长型思维
主要特点	规避挑战，痛恨变化，关注种种限制，做事瞻前顾后，在改变现状上无能为力，不接受批评，喜欢安于现状，有时候觉得努力是无用功而选择放弃	乐于挑战，拥抱变化，总是寻找机会，认为只要努力，凡事皆有可能；珍视反馈，主动学习，喜欢探索新事物，认为每次失败都是一堂课，有终身学习观

从上表可以看出，具有固定型思维模式的人，对待生活的态度略显消极，安于现状，自甘平庸；而具有成长型思维模式的人，在生活中往往积极向上，乐观进取，有目标，有追求。

三、如何帮助孩子养成成长型思维习惯

对于幼儿和未成年的学生而言，在成长型思维的培养方面具有很高的可塑性。

现在，美国的许多学校把培养学生成长型思维能力总结成九句话，非常有“仪式感”地张贴在教室内外，为的就是时刻提醒所有老师和同学，要在日常的学习生活中，把经常挂在嘴边的一些有点“丧气”的话换个说法，其实这九句话是九个层面（具有代表性）的思维转变。这种做法很有借鉴意义，具体如下：

转变之一：关于“理解”

固定型思维（消极说法或自我暗示）：I don’t understand. ——我就是搞不懂。

成长型思维（积极说法或自我暗示）：What am I missing? ——我忽略了什么吗？

把思维从“这个问题对我来说太难了，根本没法理解”换成“只要把我漏掉的、忽略的找出来，我一定能搞明白的”，也就是说给自己打打气，找一找问题在哪儿，重新开始。

转变之二：关于“放弃”

固定型思维（消极说法或自我暗示）：I give up. ——我放弃了。

成长型思维（积极说法或自我暗示）：I'll use some of the strategies I've learned. ——我得试试我学过的（别的）方法。

把思维从“我的能力达不到，只有放弃了”换成“问题没有办法多，此路不通，换个方法就好了”，也就是说凡事不能轻言放弃。

转变之三：关于“错误”

固定型思维（消极说法或自我暗示）：I made a mistake. ——我犯错误了。

成长型思维（积极说法或自我暗示）：Mistakes help me improve. ——犯错能让我变得更好。

把思维从“我做错了，我很沮丧”换成“虽然这次错了，但以后我就知道这么做是错的，又 get 了一招”，这就是俗语所说的“失败是成功之母”。

转变之四：关于“困难”

固定型思维（消极说法或自我暗示）：This is too hard. —— 这太难了。

成长型思维（积极说法或自我暗示）：This may take some time and effort. ——我可能需要更多的时间和精力（才能搞定）。

把思维从“这太复杂了，我不可能完成”换成“只要花足够的时间和精力，一切皆有可能”，也就是说不能有畏难情绪，不要遇到问题绕道走，要迎难而上。

转变之五：关于“足够”

固定型思维（消极说法或自我暗示）：It's good enough. ——已经挺好的了。

成长型思维（积极说法或自我暗示）：Is this really my best work? ——这真

的是我的最好成绩吗？

把思维从“我做得足够好了，已经达到我的上限了”换成“没有最好只有更好，也许再努力一些，我就能再提高一点儿”，做什么事情都不要太满足，要更上一层楼。

转变之六：关于“聪明”

固定型思维（消极说法或自我暗示）：I'll never be as smart as her. ——我不可能像她一样聪明。

成长型思维（积极说法或自我暗示）：I'm going to figure out what she does and try it. ——她是怎么做的，我也要试试看。

把思维从“别人比我聪明，没办法了，我就是不如她”换成“只要学习她的方法，然后认真去做，我也有戏！我不比别人缺胳膊少腿的，别人能做到的，我为什么就不能做到”？也就是说做事要有一股不服输的精神。

转变之七：关于“完美”

固定型思维（消极说法或自我暗示）：I can't make this any better. ——我不能做得更好了。

成长型思维（积极说法或自我暗示）：I can always improve. I'll keep trying！——我还能做得更好，我要继续试试！

把思维从“我的能力只能做这么多，这件事这样就足够完美了”换成“我还要看看这件事有什么可以完善的，只要不断尝试和努力，肯定还能再提高”，也就是说做事情要精益求精。

转变之八：关于“否定”

固定型思维（消极说法或自我暗示）：I can't read. ——我阅读不太好。

成长型思维（积极说法或自我暗示）：I'm going to train my brain in reading. ——我要训练我的阅读能力。

把思维从“我阅读总是做不好”换成“只是训练不够而已，不如坚持练习一段时间看看”，也就是说要努力补足自己的短板，做到均衡发展。

转变之九：关于“能力”

固定型思维（消极说法或自我暗示）：I'm not good at this. ——我不擅长这个。

成长型思维（积极说法或自我暗示）：I'm on the right track. ——我正在提高。

把思维从“我做不了这些”换成“我现在可能做不好，但没关系，慢慢往这个方向努力，我就会越来越擅长”，也就是说凡事事在人为，凡为之，一切皆有可能。

从上面的九个转变中，我们可以看到，在平时的生活和学习中，我们要经常用正面的、积极的语言或心理暗示来影响我们的思维习惯。

对于学生而言，成长型思维能力的提高，关键在于他们本身要有一种主动的、积极的学习行为和相对高涨的学习热情。

无论作为老师还是家长，一定要告诉孩子，努力和不断地挑战自我，能让他（她）变得更加聪明。这种理念恰好与我们大部分老师的教育理念相吻合。

然而，无论是老师还是家长，在培养孩子的成长型思维习惯过程中，有一个问题一定要正确认识。那就是，如何适当地表扬孩子。

卡罗尔·德韦克教授历经超过 15 年的研究已经可以确定，称赞孩子的天赋与能力对孩子有害无益，完全不利于孩子思维模式的健康成长。

不要用类似“你做得太棒了！你真是天才！”“你太聪明了！宝贝！”这样模糊的语句表扬孩子。因为这并不会增加孩子的自信心，反而会使孩子认为自己之所以被重视、被表扬，仅仅是因为自己本来就是个天才，本来就聪明。最终的结果是，他们拒绝接受挑战和承担风险，不想把目标定得太高，因为担心搞砸了，自己变得“不聪明”“不是天才”，长此以往就会慢慢地失去对学习的积极性。所以，对孩子的表扬一定要表扬过程而不是结果，比如他的努力与专注程度，是否有恒心，等等。

这也佐证了为什么大多数“赏识教育”不能取得真正的成功。

综上所述，我们在培养孩子方面，有时候是需要有一定的科学研究的理论作为基础的，虽然是别人研究出来的结果，但如果在教育实践中被证明有效，就适用我们的“拿来主义”。

2005 年，时任国家总理温家宝在看望钱学森的时候，钱老感慨说：“这么多年培养的学生，还没有哪一个的学术成就能够跟民国时期培养的大师相比。”继而钱老又发问：“为什么我们的学校总是培养不出杰出的人才?”这就是著名的“钱学森之问”！虽然时至今日，中国在科技领域已经有了比较大的飞跃，但核心技术方面还是我们的短板。其实，钱老当时所说的“学校”指的是高等学府。但是，如果我们的学生在基础教育阶段都不能养成成长型思维，他们到了高等学府继续学习就很难有大的成就。所以，成就孩子的未来，就是成就国家的未来。

最后，为大家推荐一本书：英国作家乔·欧文的《成长型思维：从平凡到优秀的七种思维模式概述》（2018 年 5 月由人民邮电出版社北京普华文化发展有限公司出版）。

英语教学随笔

禹淑玲

自从进入九年级，学生感到任务越来越重，压力越来越大。学校又取消了下午辅导课，作为老师，也感到时间不够用。现在英语每单元都有阅读材料，课文篇幅较长，那么在时间紧迫的情况下，长篇阅读在课堂上教师到底要不要讲？究竟应该怎样讲？

我认为讲当然是必要的。教师并不是不能讲，而是要“精要地讲”。再说，只让学生畅抒己见而没有教师精要的讲授和适时的点拨，学生的思维不可能深入；只让学生想象体验而没有教师开启智慧的引导，学生的创新精神很难得到培养；只让学生诵读感悟而没有教师的品词析句，学生的学习势必缺少深度和广度。因此，教师作为学生学习的组织者、引导者、促进者，必须从教育规律和学生实际出发，精心设计好自己的讲解点。

那么，在何时精要地讲呢？

1. 自读之前启发讲。在学生自主阅读之前，给出阅读要求和重点，任务必须具体化。

2. 重点地方着重讲。对材料中的重点、难点和关键之处，在学生自读、自悟的基础上进行重点讲解，该挖掘处必挖掘，该讲深讲透的地方必须讲深讲透，并结合中招命题要求和趋势，设计“中考链接”环节。

3. 疑难问题明确讲。当学生在材料理解上遇到疑难时教师要鲜明地讲，从而为学生解难释疑，让学生正确理解、领悟材料内容，并适当融入思想教育，做到既要教书又要育人。

4. 合作中提示讲。当学生在合作学习中不能抓住要点进行有效合作时，教师要进行提示性讲解，以使合作有效、深入。

5. 总结时补充讲。在总结一节课、一篇材料的阅读情况时，在学生概括、总结的基础上，教师要及时进行补充，以进一步进行提炼和归纳，从而使总结更加完整、准确。

总之，通过阅读教学，教师可以引导学生发现问题、分析问题、解决问题，从而获得知识，自主学习、合作学习与教师引导相结合，从而达到提高学生学习效率和学习兴趣的目的（长篇课文内容大部分都比较有趣）。

课堂小组活动的有效性和过程性评价研究

李春梅

一、小组活动和评价的目标

新课标对小组活动的要求是：体现学习特征；激发学习兴趣；培养探究、合作、创新精神；提高语文素养；促进目标达成。这也应该是衡量小组活动学习与评价是否高效的基本标准。

研究“小组活动和过程性评价”我们力求做到：规范系统、内外结合、灵活多样、持续高效。

二、小组活动和评价实施的过程

小组活动具体分五个步骤实施：

（一）活动小组的组建

（1）本着“组间同质、组内异质、同质结对、异质帮扶”的基本原则，对全班学生进行学习小组的划分。

（2）全班学生可分4人或6人一组，做到优势与劣势的整合。根据性别比例、兴趣倾向、学习水准、交往技能、守纪情况等做微调，合理搭配，使小组成员优、良、中、后进生都有。

（3）座位由传统的插秧式改为方阵式，便于一帮一或多帮一。如下图所示。

2	1	3
2	1	3

1	2
3	4

（二）活动小组的管理分工及职责

1. 分工

分工原则：善于组织活动、有责任心、成绩优秀的学生为组长；善于整合的学生为记录员；善于表达的学生为主发言人；在主发言人发言之后，其他同学可以补充。

2. 职责

（1）组长的职责：给同组学生分配具体的学习任务，组织督促同组完成学习任务，确定展示方式，负责本组的纪律，评价学生的上课表现。

（2）记录员职责：每周一到老师处领本组的记录表，随时认真填写，不徇私情。

（3）主发言人职责：每个小组每天安排一位主发言人，记录大家的讨论结果，代表小组发言。

（4）其他组员职责：积极参与，并随时补充其他同学没有讲到的知识。

（三）活动小组的文化建设

1. 建设小组精神文化

建设小组精神文化的方式方法有很多，如全组学生共同设计小组的组名、组徽、组训、口号，形成小组的灵魂，激发学生的学习积极性。

2. 建设小组制度文化

建设小组制度文化包括制定公约和守则。所有公约和守则大家一起制定并共同遵守。

（四）活动小组合作学习的具体方式

组建小组之后，在课堂上一般采用四个步骤落实：

1. 合作之前先自主

合作学习必须建立在有效的自主学习基础之上，自主学习的时间一定要充分。

2. 同质互学结成对子

根据前面的分组，在自主学习的基础上，结成对子的同一层次学生（1 和 1；2 和 2；3 和 3）先展开同一个层面上的两两合作。合作的方法可以是互对答案、互相检测、互相查缺补漏，也可以用语言对话、共同诵读等。

3. 异质帮扶共同进步

在二人合作学习之后，开始在六人组进行第二轮合作学习——小组内质疑解惑。2、3 层面学生就可以向更高一层次学生进行求助，结成纵向扶助对子。

4. 成果展示反馈矫正

在字词、阅读、古诗、分角色朗读、口语交际、作文批改等课堂教学中运用合作学习，然后开展组内小展示或班内大展示。互评、师评后使存在问题的合作结果得以有效纠正。

（五）活动小组的评价细则和奖励机制

以班级量化评价为主体，针对合作学习制定小组内部评价细则。

1. 小组内学生评价细则

（1）每个组准备两个考评本，设正、副两个组长。

（2）正组长负责学习，副组长负责管理纪律，一节课一考评，一天一统计，一天一评比。用“正”字统计组内同学一天参与小组合作学习及展示的成绩。考评共分五项：

1）课堂发言：发言一次加 1 分（写“正”字、计分、贴星星或其他形式都可以），得到老师的特殊表扬加 2 分；回答错误不加分。

2）组内讨论：积极参与组内讨论的，一节课加 1 分，表现比较突出的加 2 分；不积极、不参与不加分。

3）课堂展示：展示一次加 1 分，有解题方法的总结或得到老师的特殊表扬加 2 分；展示错误不加分。

4）完成任务：老师或组长分配的学习任务，及时完成的加 1 分，不及时不加分。

5）违纪：在小组学习过程中，纪律差的每次扣除 1 分，老师点名批评的扣 2 分，连续两天多次违纪的请出小组，需向老师、组长申请方可回组以观后效。

（3）学习表现好但是纪律差的，不能当选最优秀学生。

（4）组长每周一总结。

2. 课堂上的评价

（1）评价的原则：

1）即时性：评价要贯穿预习、板书、学生展示、质疑对抗、反馈测评等每个过程和环节。

2）纠错性：是评价的最基本功能。

3）导向性：就是想达到什么就评价什么，从而达到“评什么就有什么”的目的。

4）延展性：是指在点评时，可以补充拓展延伸，提炼生成。

5）激励性：评比对事不对人，客观公正。

6）团体性：对小组的评价一律采用捆绑式评价。语文生字诗词古文的默写全部按照小组总分计算。

（2）多元的评价：多元的评价以自评、互评、师评相结合，从成绩、特长、态度、合作能力等方面去综合评价。

3. 奖励机制的促进

小组合作学习的评价应该注意点面结合、课内课外相结合，以合理的机制促进和激励。

（1）对个人和小组的奖励：由小组合作学习与原来的竞赛式学习相结合。按学生的学习成绩和表现，我们设定了一对一“个人对抗赛”。即把每个学生的课堂表现、作业、考试成绩、纪律等每天的得分做记录，每两个月评分一次，对个人设立优秀个人奖，对小组设立最佳小组奖。平时个人积分，每五分换一颗星星，每十颗星星换一面红旗，每两面红旗换一张小奖状。学年结束时班级的前三十名，年级分别奖励金牌、银牌或铜牌，并在全校大会上表彰。

（2）注意事项：以精神奖励为主，而且奖励要有层次，让学生始终有想晋级的动力。

三、研究的初步成效

通过将近一个学年的研究和探索，我们取得了一定的成绩。

1. 学生学习方式的改变

由以前的有问有答的课堂，变为小组合作学习方式，又有了奖励机制的促进，激发了全员参与课堂的热情。

2. 老师教学方式的改变

实施了小组合作学习后，老师的教学方式多样化，让学生学习语文的兴趣有了较大的提高。张艳萍、李萍、冯志娟、邵寒和张晓宇等老师的公开课，得到了学校和协作区认可。

3. 学生语文素养的提高

课内外的小组活动，让学生的思维、写作、绘画、探究、合作、创新等综合能力，得到了展示和提升。校刊上同学们发表了很多优秀作品，手抄报的设计更有特色；在全国中小学生“我的中国梦”作文比赛、河南省文化小论文比赛、郑州市读书报告会比赛中，我校有 50 多人获奖。

刚刚结束的“郑州市第五届网络作文大赛”中，我校张延芳、苏孝琴、展志华、雷炀、郑芳、邵寒老师分别指导的 17 名学生，获一、二、三等奖。

4. 学生学习成绩的提高

学期期末参加市里统考，我校各班学生的语文成绩都有所提高，实施小组合作活动实验的班级，优秀率和及格率都提升了10%以上。

四、小组活动和评价存在的问题和思考

小组合作学习开展将近两年，我们在研究和实践的过程中，取得了一些成绩。以上种种虽看起来烦琐，但确实为以后的教学做了铺垫。2014届的二班，很难带，当时因为认识有限，“小组管理”只用于班级管理之中，即使这样到后来教学工作也越来越顺手了。这一届，小组建设更充分，小组合作用于班级管理之中，让我的班主任工作比较轻松。在我们班，组长比班长重要，班长比班主任重要，“小组合作学习”运用于课堂之上，课堂恢复了生机，也让我逐渐恢复了对于教学的信心。

对组长的培养还有待提高，课堂记录方式较烦琐等问题仍然存在。这些问题时常引起我们的思考：如何让每个学生都能胜任组内各种职务？如何使评价形式多样而科学？课堂小组活动的研究和实践任重而道远，在教学改革的路上，我们会始终以满腔的热情，坚持精心研究，用心实践。

让问题引领我们的学习

范占伟

每次考试结束，对于很多学生来说，关注的永远都是成绩的高低和排名的先后。但实际上，作为老师，我认为每个孩子考试后的反思远比成绩重要，反思我们学习的经验和不足，反思各个学科前一段学习过程出现的知识漏洞，反思我们的学习态度和学习习惯，还有非常重要的就是反思我们的学习方法。高效的学习方法可以事半功倍，不好的学习方法总是让人处于假努力的漩涡之中。那么有什么高效的学习方法呢？

著名电视主持人杨澜讲过一个她亲身经历过的故事：课堂上，教授从兜里掏出一些钞票，高高举起，涨红了脸大声说："谁能提出一个问题，任何问题，我就对他进行奖励。"这位教授是美国人，在北京外国语大学任教，他讲的是历史与宗教，他讲完了，问大家有什么问题，谁也不吱声。他请求大家提问，否则就无法了解大家听懂了多少。但还是没人举手，教授有点儿不耐烦了，不，应该说，他愤怒了。他认为这是中国学生对他的不尊重。"没有哪一种知识是提不出问题的，难道我讲的每一句话都无懈可击吗？是你们压根儿没听课还是愚不可及？"他的另一只拳头敲着桌面。课堂的气氛紧张了，学生们吓坏了。

我想，类似这样的课堂大家并不陌生，我们从幼儿园开始就被训练着双手背后，认真听讲，长大后开始记笔记。谁记得全、背得好，考试就能拿高分。但是，如果不会发现问题，提出问题，那么你永远都只能是被动式的学习，永远不能成为学习的引领者，也更不可能会有知识的创新与发展。

爱因斯坦曾说："提出一个问题往往比解决一个问题更为重要。"肯尼思·H. 胡佛也说："整个教学的最终目标是培养学生正确提出问题和回答问题的能力。任何时候都应鼓励学生提问。"那种用提问来代替学生的思维，让学生沿着教师设置的问题，一步一步地到达知识的彼岸，使学生的学习始终被圈定在教师的框架里，扼杀了学生的主动性和创造性。

古人云："学，贵在有疑问，小疑则小进，大疑则大进。""疑"是人类打开宇宙大门的金钥匙。培根说过："多问的人将多得。"牛顿从砸到身上的苹果上发现问题，从而发现了万有引力定律；阿基米德从洗澡时溢出的水中发现问题，从而发现了浮力定律。在数学发展史上，很多重要的定理也都是由前人提出问题或猜想后得到证明的。

1900 年，在巴黎召开的国际数学家代表大会上，德国数学家希尔伯特提出了 23 个最重要的数学问题。百多年来，人们把解决希尔伯特问题，哪怕是其中一部分，都看作是至高无上的荣誉。时至今日，时光已过去 100 多年，这 23 个问题约有一半获得解决，有一些已经取得重大进展，有一些仍然悬而未决。有人做过统计，整个 20 世纪，数学界最高奖"菲尔兹奖"获得者中，超过一半的人的研究工作都与希尔伯特问题有关。这些问题成为引领数学发展的航标，是检阅数学重大成就的一张航图。

重要的问题历来都是推动科学前进的杠杆之一。科学发展的每一个时代都有自己的问题，我们学习也是一样，每一小段一小节也都有自己的问题，等着你去发现提出。任何事情都有一个"为什么"，都值得去问。大量的事实证明，所有的事物都有"为什么"。心理学家布鲁纳认为：学习是一个主动的过程，对学生的学习内因的最好激发是对所学材料的兴趣，即主要是来自学习活动本身的内在动机，这是直接推动学生学习的心理动机。

近年来在孩子的成长轨迹中，我们不难看出，"惰性"是他们生活的障碍，在学习中不喜欢提问题，只是一味地顺从，已严重影响学生的发展。怎样激发起孩子爱问的习惯，提高对"学问"的认识，养成学生好问的习惯？本人以数学学科为例，谈谈我的个人看法。

第一，要让学生懂得问问题，明确"学问就是要学会怎样问，就是学会思考问题"。"勤学好问，不愁无问"中，勤学好问意思是勤奋学习，不懂的就问，比喻善于学习。朱熹在《朱子语类·论语》中指出："它而今是勤学好问，便谥之以文。”也就是说，在我们的学习中“问”是最关键的。“学起于思，思源于疑”，学问从“问”开始，教师在课堂教学中设立各种机会让学生懂得探究质疑，而探究质疑就来自于对学生“问题意识”的培养。教师应努力为学生提供一个发现问题的背景，启发引导学生从想问、敢问到会问，并及时对学生的问题进行总结评价，小心翼翼地保护学生提问的积极性。实践证明，培养学生的问题意识和提问能力，更有利于增强学生主体参与意识，激发学生兴趣。比如说，初中数学“三角形的内角和”一节，在教学中学生表现得很积极，因为小学学习过三角形的内角和，大家都知道“三角形的内角和是180 度”，这里面应该激发起学生思考：为什么小学学过的问题中学还要学习？有什么不一样吗？学生就会带着疑问找出其知识之间的联系与不同，为进一步的学习做准备。

第二，教会学生敢问。随着学生年龄的增大，学生的自尊心越来越强，初中学生进入青春期，加之知识积累的增多，知识的负积累同样增多，在提问中怕闹出笑话，被其他学生嘲笑，心理障碍加重。教师培养学生敢问是教会学生克服心理障碍的心理行为，端正对“问”的认识。在数学课堂教学中，大都在开始阶段学生很活跃，随着课堂的推进，新知识探究深度的加深，学生的情绪越来越紧张，课堂哑然失声。学生无问题可问吗？学生不向老师提问，是因为他们不敢提、不愿意提。教师在教学中要充分建立民主、平等、亲切、和谐的师生关系，营造一个良好的质疑氛围，激发学生“提出问题”的兴趣和勇气，教师要鼓励学生大胆地猜想、大胆地怀疑，提出自己的问题，敢于自我表现，敢于向老师挑战，敢于把自己的思想与大家分享，并积极地投入到知识的探究中。例如，“平行四边形的判定”一节，在边、角、对角线五种基本判定方法的基础上，学生发现五种方法中，边、角、对角线是分开来探究的，组合在一起的条件会不会也能判定平行四边形呢？有的学生提出：“一组对边相等，一组对角相等的四边形是不是平行四边形？”“一组对边平行，一组对角相等的四边形是不是平行四边形？”……学生在老师的鼓励下，在新知识的支持下，克服心理障碍，积极参与知识的探究，培养良好的敢问习惯，为学生的发展打下基础。

第三，教会学生善于发问。孔子曰：“不愤不启，不悱不发。”我们的学生在学习的时候不是不努力，而是拼命地跟着老师学，忘记了自己的作用，在学习中不假思索，一味地以老师的教为主。我们应该让学生当老师，针对问题，阐释自己的见解，在思索中发现自己的问题。在教学中给予学生充分的时间，让他们先问问自己“会不会，我有看法，这样做行不行”，再问问小组成员，提出自己的意见，和同学们合作交流。小组合作学习不仅是为完成学习任务，更主要的是培养学生的合作、参与意识，合作的目标就是从别人那里吸取不同的见解，从而促进每个成员不同程度的提高，这就像华罗庚先生所说的“多问，不急于问，先问自己，后问他人”。

第四，教会学生有疑必问。我们的学生没有养成提问问题的习惯，课上课下没有问题可问。因此，教师应让学生明白，有了问题一定要虚心求教，对求教的问题一定要认真，力求举一反三，做到“读书善问，一问不得，不妨再三问，问一人不得，不妨再问数十人，要使疑窦释然，精理迸露”。学生要学会倾听，学生能从倾听同伴的不同观点和方法中得到启发，找到自己的疑惑点，有利于学习的广泛迁移。学生要学会“不耻下问”，当学生自己遇到思维瓶颈的时候，要教会孩子“三人行必有我师”的道理，有时学习同伴的一句话，就会达到茅塞顿开的效果。从平时不如自己的学生身上学到自己想要的学问，应该是一件快乐的事。

让发现和提出问题成为学生的追求。学而不思则罔，学习离不开思考，思考，当然就是去查找问题、发现问题。在学生的思维发展期，提出问题是分析问题、解决问题的基础，在学习中学生能不能提出问题，善不善于在学习中提出问题，是检验学生是否具有创新能力和创造思维的标准。

让问问题成为学生的习惯。学问学问，勤学好问，好问同学，好问老师，也好问自己。不明白的，必须问，以求明白；明白了，还可以继续问，因为可以通过对方的准确复述，让自己掌握得更加准确，并且实现超越和突破。

让问题引领学生们的学习，这一定是高效的学习！

让问题引领我们的教学，这一定也是高效的教学！

聚焦数学概念教学，提升学生数学素养

——再议中学数学的概念教学

刘 颖

一、中学数学课堂教学中概念教学的现状

由于小学阶段学生对数学的理解更加侧重于基础的计算和解决问题，所以学生对概念不够重视、理解不够清晰，进入中学后依然会忽视对数学基本概念的学习和理解。

在中学数学的教学阶段，教师对核心内容的理解程度和教学能力是提高学生数学素养的关键。但多数教师认为，提高学生数学学习能力的关键是提高学生对数学问题解题思路分析的能力，在课堂教学中也重点关注如何打开学生的解题思路，对数学学科中涉及的核心概念比较忽视。在讲解概念时，往往急于进行解题训练，学生对于概念没有形成清晰的理解和认识。长此以往，学生很难形成良好的学科素养，甚至会影响整个理科的学习。

针对中学数学新课程教学中存在的这一问题，我们认真梳理了概念教学的全过程，并反复研究实践，对如何更加有效地进行概念教学提出了自己的理解。

二、对中学数学课堂中概念教学的研究

（一）何为数学概念

数学概念是人脑对现实对象的数量关系和空间形式的本质特征的一种反映

形式，是一种数学的思维形式。在数学中，作为一般的思维形式的判断与推理，以定理、法则、公式的方式表现出来，而数学概念则是构成它们的基础。正确理解并灵活运用数学概念，是掌握数学基础知识和运算技能、发展逻辑论证和空间想象能力的前提。

（二）概念教学的几个环节

概念教学应包含以下几个环节：概念的解读、概念的形成以及概念的深化。概念教学的三个环节及具体内容如下图所示，其中“概念的解读”环节，以及“概念的形成”环节中“学生认知基础分析”由教师课前完成，其他内容由师生互动完成。

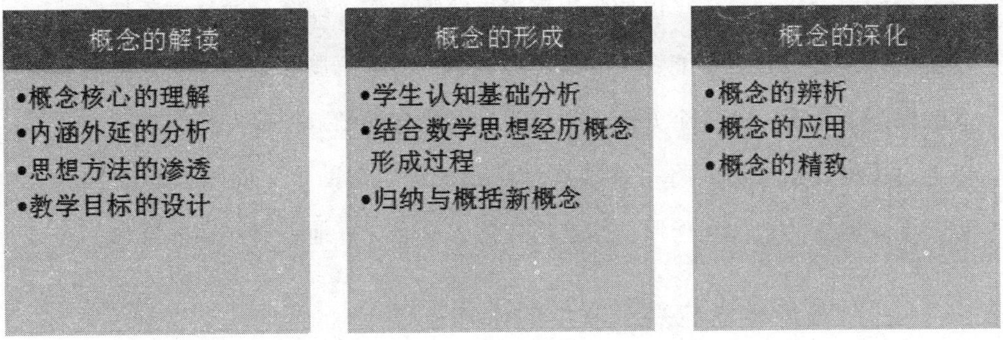

概念的解读

- 概念核心的理解
- 内涵外延的分析
- 思想方法的渗透
- 教学目标的设计

概念的形成

- 学生认知基础分析
- 结合数学思想经历概念形成过程
- 归纳与概括新概念

概念的深化

- 概念的辨析
- 概念的应用
- 概念的精致

1. 概念的解读

教师对概念的解读应分为学术领域和教学领域两部分。学术领域的解读，是指从学科角度对概念的内涵及其反映的思想方法进行解析。包括的内容有：概念的内涵和外延（数学概念的内涵——对象的“质”的特征，外延——对象的“量”的范围），概念反映的思想方法，概念的发展历史，概念的变式与联系（说明概念的地位和作用）等。通过学术领域的解读，教师能准确地认识概念，修正理解中可能出现的偏差，提高对相应概念的认识水平。教学领域的解读，则是在学术领域的基础上侧重于对概念的教学表达，重点应放在概念发展过程的解析上，包括概念的概括过程、辨析过程（内涵与外延的变式）和应用等。

2. 概念的形成

概念的获得是理解和掌握一类事物共同的、关键属性的过程，学生在学习中获得概念的最主要形式是概念的同化。在概念形成教学中，应该注意以下几个方面：①向学生提供数量适当、内容恰当的刺激模式，以便于学生分析、比较；②要保证学生能够进行充分的自主活动，使之有机会经历概念产生的过程，并从共同属性中抽象出本质属性；③概括得到概念后，教师应引导学生对知识结构中的新旧概念进行分析，并将新概念纳入到已有的概念系统中去，从而帮助学生更好地形成知识结构。

3. 概念的深化

概念的深化过程是对数学概念的内涵与外延进行尽量详细的“深加工”。对概念的要素进行界定，以使学生获得更清晰的概念理解，通过对各种可能的特例进行剖析，分析可能发生的概念理解错误，理解概念的各种变式，明晰概念的限制条件等，从各个方面理解概念，对概念的细节把握得更加准确。还可以通过思维导图等形式将一系列概念进行梳理，帮助学生明晰概念的发展过程，了解概念的地位和作用，使之精致化，从而更好地理解并掌握概念。

（三）概念教学应基于学生的认知基础

人类获取概念的主要方式是概念的形成与同化。概念的形成是指从大量的具体例子出发，归纳概括出一类事物的共同本质属性的过程，这是一种发现学习的过程；概念的同化是指学习者利用原有认知结构中的观念来接纳新概念的过程，这是一个接受学习的过程。它们的最终目标都是掌握同类事物的关键属性。

构建主义学习观认为，“学生在过去的学习中已经具备了一定的学习经验，利用这样的经验开展对新知的构建”。因此，结合学生的认知基础、认知经验，研究如何有效地帮助学生进行数学概念的构建，是开展概念教学的基础。

1. 注重概念建立的必要性

数学概念的出现并不是突然的、生硬的，而是在数学发展过程中自然而然地出现、生成的。因此，应根据学生的认知基础，根据知识的发展过程，结合数学史和生活实例开展概念教学。这样有助于学生认识数学概念建立的必要性，了解概念的地位和作用，进而更好地进行概念学习。

2. 注重概念建立的有效性

数学概念的学习不是简单的记忆，数学概念的逻辑想象是概念建立的重要因素。在逻辑想象的基础上，对概念进行深入的分析、准确的归纳，帮助学生充分感受概念产生的过程，是概念教学有效性的重要环节。在此过程中，应充分考虑到不同水平学生的认知基础，设计不同的、恰当的途径引导学生突破困难，促进学生对概念本质的把握。

3. 注重概念应用的有效性

利用概念的应用促进学生对概念的理解，是概念教学中常用的手段。有效的概念应用应遵循“变式”原则。“变式”是指通过变换概念的非本质特征而凸显概念的本质特征。通过“变式”在概念教学中的应用，帮助学生不断地“精致”概念，进而达到深化的目的。

综上所述，立足于学生的认知基础，仔细推敲概念教学中各个环节的内容与安排，精心开展教学，是有效开展概念教学、提高学生数学素养的有力保障。

语文课堂的和谐与高效

高 丽

《普通高中语文课程标准》（2011 年版）明确提出：提倡转变学生的学习方式，培养学生主动参与、乐于探究、交流合作的学习态度。我认为，创设愉悦、和谐的学习氛围，有利于构建语文高效课堂。那么，应该怎样创设情境，营造轻松和谐的心理氛围，使每一个学生具有良好而健康的个性品质与修养，意志坚定，情绪饱满，身心愉快，全面地提高教学质量呢？

一、激发兴趣，增强学生乐学的欲望

古今中外教育家都强调兴趣的重要性，以使学生乐学。有了兴趣的激发，有了乐学的欲望，整个学习气氛自然会和谐、愉快起来，课堂的教学有效性自然提高。

1. 用语文的重要性唤醒学生，培养学习语文的兴趣

知识有三层楼，最高一层是专业知识，第二层是一般的文化科学知识，最低一层就是语文知识。这个比喻形象生动，非常深刻，盖高楼大厦，首先要打好基础，明确指出了语文的基础性作用。生活处处皆语文，尤其是现代社会，高速发展，你无论走在哪里，都离不开语文知识。另外，现在的考试模式，也越来越重视语文，语文学科在考试中的权重也越来越突出，所谓“种瓜得瓜，种豆得豆”，不重视语文，必然会吃亏。明确了这一点，学生会从“学好数理化，走遍天下都不怕”的传统观念中清醒过来，有意识地培养自己学习语文的兴趣。

2. 用优美的语言感染学生，激发学习语文的兴趣

优美的语言是体现语文课教学语言艺术的关键因素，也是给学生美的感

受、激发学生兴趣的重要因素之一。优美的语言，不在乎形容词的堆砌，不注重修辞格的多寡，而是要求语言抑扬顿挫、流畅悦耳、生动形象，给学生以诗情画意的享受。因此，教师要有说相声般的幽默、小说般的具体形象、诗歌朗诵般的激情，才能通过优美的语言感染学生，激发学生学习语文的兴趣。

二、走近、欣赏学生，师生共创和谐课堂氛围

多关心学生，尊重学生的人格，形成师生互爱、彼此尊重、彼此信任的良好师生关系。教师是学生学习的合作者、引导者、参与者，教学过程是师生交往、共同发展的活动过程，融洽的师生关系是启发学生学习兴趣和提高学习积极性的重要前提。所以，师生亲密合作，营造和谐的课堂氛围是每一个教师都应该做到的。

1. 关爱学生

关爱学生，是每位教师在日常教学中努力工作的原动力。教师应多给学生以关爱，多与学生交流、沟通，倾听学生的心声，帮助学生分析、认识和对待各种语文学习问题。学生的心理压力只有得到适度释放，才能愉快学习，健康成长，也才能与老师更加亲近，才能“亲其师，信其道”，才能更有利于有效教学。

2. 尊重学生

全面参与、有效参与是课堂教学效果的保证，离开了全面性和有效性，课堂教学就会流于形式，就会失去生命力。有专家指出，考察语文教学效率的标准之一，应该是学生积极主动参与的程度。在一堂课上，如果有70%以上的学生以主人翁的姿态，积极主动地参与语文教学的全过程，就可以算是一堂高效率的课。课堂教学应该是师生思维的碰撞、情感的交流。尊重学生的个性特点，尊重学生的自尊心理，更表现在课堂上对学生主体地位的尊重。在备课时，要强调“三备”：备课本、备教法、备学生。可是在实际操作中，备学生往往容易被忽视。有的教师在课堂上，语言可谓精彩，教学的流程也很精致，

课堂气氛也相当活跃，但是学生的实际收获却很少，热热闹闹、表面精彩的课堂带给学生的是什么呢？是死记硬背，是被动接受学习，是被老师牵着鼻子走，严重伤害学生的好奇心、求知欲。所以，教师要尊重学生的主体地位，引导学生主动学习，放心大胆地让学生在自主学习过程中不断领悟、不断探究、不断创造，学生才会得到提高和发展，才能做到师生之间平等、民主地进行对话，让学生在愉悦、积极的心态中接受新知识。

这也是新课程标准中倡导的新的学习方式，这样的学习才显得丰满，充满活力。

3. 走近学生

虽然教师与学生是师生关系，但是如果教师能放下“师道尊严”的架子，与学生做朋友，走近学生，了解学生，会发现学生是如此的可爱，是如此的富有生机与活力。教师要蹲下身来，完全彻底地接纳学生，以开放的心态接纳不同的观点。在一种支持学生的气氛下，让学生明白：“成功是不怕失败的，要能够做最大的努力，让今天比昨天好。”教师要学会对学生的知心培养，与学生建立平等、合作、友好的师生关系，这样就为学生架起了通往成功的阶梯。

4. 欣赏学生

教师要提高语文课的效率，就要用欣赏的眼光去关爱学生，要让学生爱上语文课，在课上认真听讲。魏书生老师经常出差，但他所教的学生学习不仅没落下，反而学得很好，我想这离不开魏书生老师对学生的正确引导，特别是他对学生的赞赏。如：课前三分钟，他请每位同学想象让时光倒流，意念上走回当年自己最成功、最辉煌、效率最高的时刻，感受那内心深处的愉快感、自豪感，使之扩大，使之迁移到今天的学习生活中来。教师应该真诚地欣赏学生，要善于赏识学生的闪光点，绝不要吝啬说出学生愿意听的语言，对学生任何成功的言行都要给予及时、明确的肯定。欣赏是对对方最高层次的肯定，它倾注了具有时代精神的人文关怀，在欣赏的过程中，教学双方实现精神的相遇相通。要留给学生表述他们自己想法的时空，让每一位学生都畅所欲言，还要想方设法扩大学生想法的“影响力”，让学生得到更多人的欣赏，尽可能地丰富和拓展学生的精神生活。

初中物理教学呼唤多媒体课件的合理使用

王旭阳

随着素质教育的不断深入和新课程改革的稳健推进，教师教育教学理念有了比较大的改变。近年来，多媒体技术迅速走进学校，多媒体课件也广泛应用到课堂教学中。但在使用多媒体课件辅助教学的大潮中，也存在一些不合理做法和认识上的误区。事实究竟怎么样？

一、初中物理教学中多媒体课件的不合理使用

1. 上课必用多媒体课件

少数老师可能是认识到了多媒体课件的强大功能，几乎只要上课就要用多媒体课件，好像没有课件这堂课就不完整、质量就不高。

2. 过分追求声像效果

多媒体集声、像、动画于一体，有丰富多彩的视听效果，可以增强教学的直观性和生动性。但是一些老师在课堂设计和运用时，片面追求花哨的视听与动画效果，导致学生的注意力集中在多媒体上，而无法专心于视听媒体所蕴含的教学内容上。

3. 满堂放课件

一些老师虽然不是上课必用课件，但是只要用课件必然是满堂放。

（1）以演示文稿代替板书。物理教学中为了提高效率，利用演示文稿展示一些复杂的物理过程或呈现例题或小练习是完全可以的。但是有的老师却将传统的板书内容全部搬到演示文稿中，这种教学方式，一方面由于投影出的内容看过即逝，不利于学生对学习内容的整体把握；另一方面，忽视了学生的认知特点，教师的体态语言对于引领学生的思维走向、聚集学生的注意力的正面

影响作用也不能得到发挥。

（2）以课件动画代替演示实验。教学过程中，有的教师怕麻烦，将演示实验都编成课件，在课堂上给学生模拟实验。学生因为没有真正经历探究过程，所以不能正确全面地理解实验中得出的结论。同时，由于课件是编辑好的，实验成功率百分之百，会给学生带来不真实的感觉。

4. “以不变应万变”

多媒体课件大多是上课之前按照知识点间的逻辑关系编辑好的程序，教学过程中，不管面对的学生是否变化，不管学生是否出现了新的问题，有的老师“以不变应万变”，对多媒体课件不做任何改动，对教学安排不做任何调整，完全按照既定程序完成教学任务。这显然是违背教学规律的。

5. 其他情况

在有条件使用多媒体课件的学校，也还有极少数老师若非上公开课、优质课，几乎从来不用多媒体课件。

以上就是当前初中物理教学过程中存在的不合理使用多媒体课件的简要情况。为什么会出现这些情况呢？

二、不合理使用多媒体课件的原因分析

1. 多媒体至上，夸大多媒体课件在物理教学中的作用

和传统的教学模式相比，多媒体辅助教学有着明显的优势。多媒体的使用能将抽象、生涩、陌生的知识直观化、形象化，创建生动的表象，从而激发学生学习兴趣，调动其主动学习的积极性。同时，在新课改轰轰烈烈深入开展的今天，多媒体课件的使用业已成为一种“时尚”和“潮流”。“无多媒体不是优质课”，“无多媒体不成公开课”，“课课都用多媒体”，以为多媒体课件用得越多，教学就越上档次。一些教师盲目追随，将所有的物理课都采用多媒体教学，如此便走上了极端。

2. 认为制作课件等于备课

制作课件的过程中需要查看大量的教学、教辅资料，无论是一个模板、一种字体的选择，还是一种颜色、一个符号的调整，往往花去很多时间才能精心设计完成。于是就有教师认为制作课件的过程就等同于备课。

3. 对多媒体技术缺乏正确的认识

对于极个别教师几乎不使用多媒体课件，我想原因是这样的：一方面是没有充分了解多媒体课件的教学辅助作用，没有体会到多媒体课件的强大功能。另一方面是多媒体技术以及课件制作技术未能熟练掌握。关于第二方面，我也有过这样的经历。多媒体刚刚开始在学校内推广使用时，课堂上总担心由于多媒体的操作不流畅而影响上课的节奏；现在则是因为大家课件制作水平都提高了，为了能做得更好，有时为了一个背景色，为了一张图片，为了一个合适的自定义动画等，都会不厌其烦地调整，课下制作课件耗费了大量的时间精力。

现在，我们清楚了，正是这些对于多媒体课件错误的认识导致了教师们的不合理行为。那么怎样才能在物理教学过程中合理使用多媒体课件呢？

三、转变认识，合理使用多媒体课件

1. 多媒体课件只是一种教学辅助手段

在教学过程中，教师应该处于主导地位，学生是课堂的主体，课堂中所有的活动都应该以学生为中心。多媒体教学确实有其自身的优势，如增大信息量，有效扩展课时容量，提高教学效率，等等。但是无论多媒体多么先进，也仅仅是一种教学辅助手段，无法改变教师在教学中的主导地位，也不可能代替教师的作用。

2. 多媒体应用不等同于高质量教学

有些教师认为只要用了先进的多媒体教学手段，肯定就能提高教学质量。这是个误区。一堂课教学质量高不高，并不在于教学手段是否先进，而在于有没有充分调动学生的学习积极性，学生能否深刻学习领会授课内容。如果仅仅是用了多媒体，但没有达到这个根本的教学目的，也就谈不上高质量教学。或者有人会说，我使用了各种各样的课件来教学，学生上得很高兴、很投入，这样难道不是更容易达到教学目的吗？教学质量不也自然提高了吗？这个认识需要引起老师们的注意。用多媒体上课，在引起学生兴趣的同时，也容易因为课件的美观好看而分散了学生的注意力，导致“听课”变成了“欣赏”。学生欣赏了可爱的动画，聆听了美妙的音乐，却忘了要学着用物理思想去思维，用物理语言去交流，用物理知识去认识、了解客观世界，这样反而影响了教学质量。

王旭阳老师在教学中合理应用多媒体教学

3. 备课不等于制作课件

现代教学理论认为，备课是寻找、搜索、构造、备选教学方法的过程，同时也是一个检验、评价、挑选满意的教学方案的过程。备课要过好教材关和学生关。可以说，备课是整个教学过程的总策划和总设计，而制作课件只是备课过程中的一部分，不可能代替备课。

4. 扬长避短，充分发挥多媒体课件的最佳效果

任何事物都有两面性。多媒体课件也有它的优点和缺点。在实际教学过程中，运用多媒体应注意扬长避短，要做到既不喧宾夺主地滥用，也不能因噎废食地全然不用。应选择最有利于学生掌握教学要点、最有利于学生内化教学内

容之处，合理使用多媒体课件，才能取得良好的教学效果。

四、教学中我们的一些具体做法

1. 应用多媒体课件实现抽象到具体的转变

在新授课上，比如在讲摩擦起电的实质、原子结构、电压以及核能核裂变中的链式反应等这些抽象难懂的内容时，我们积极利用网络资源，下载相关的FLASH动画和视频，应用多媒体课件的三维动画进行动态的模拟演示。例如核裂变，用FLASH软件就把中子、铀核等用不同颜色区别，让中子撞击铀核，学生可看到裂变过程。再例如电压，它是一个很抽象的概念，学生看不见、摸不着，是一个教学难点。我们借助多媒体课件，用学生熟悉的水压产生水流的现象与电压产生电流的现象进行类比，用动画的形式模拟出来，展示给学生，变抽象为直观、形象，使学生在不知不觉中建立了电压的概念。这样多媒体课件就把枯燥、抽象的物理概念和物理规律变得形象直观、通俗易懂，从而有效地激发了学生的学习兴趣，充分地调动了学生的学习积极性。

2. 应用多媒体课件加大课堂的信息量

（1）新授课上，有的物理实验课堂演示复杂耗时，有的物理实验可见性差，不利于学生观察，我们就利用多媒体课件进行辅助。

（2）习题课上，教师经常花较多时间板书，特别是上电学课时写例题、画电路图等花费的时间更多，而采用多媒体课件中的显示文本功能，则可使内容在几秒内显示于学生眼前。这样就有时间讲解更多相关的知识和现实的应用，引导学生理论联系实际，丰富了课堂内容，增加了课堂的信息量。例如电路故障的判断练习，这节课我们将其分为4个部分：视频演示典型电路故障，例题选讲，总结方法，强化训练。我们事先将几个典型的电学实验故障，如灯泡断路、灯泡短路、电压表有示数灯泡不亮等录制成视频，并把例题、强化练习题及答案制作成多媒体课件，然后在课堂上配合讲解，直接播放。

（3）复习课上，我们按照知识的再现、知识的理解、知识的应用三个板块进行复习。课前将复习提纲、网络图、例题、巩固练习及答案等分别制在课件上，上课时根据教学程序我们可以随时点击各种不同的内容。这样做十分有利于课堂上进行反馈矫正，提高教学效果。

3. 利用多媒体课件展示教科书中各种插图、图示

在物理教学中，有很多课本上的插图、图示要学生观察，教师在黑板上画图，特别是画比较复杂的图形，占用课堂时间较长，且效果较差。利用多媒体课件，课堂上根据教学内容，可以随时将插图或图示展示到屏幕上，如初中物理教材中的金属盒气压计的构造原理图、安全用电插图、电磁继电器的工作原理图，以及各种电路图、电压表、电流表的刻度盘示意图。这样做既可节约宝贵的课堂时间，又能增强学生的观察效果。

4. 课外实践活动与多媒体课件的结合

物理教学过程中，为了更好地帮助学生理解掌握课本知识，提高学生实践能力，除了完成课堂任务，我们还给学生布置了课外实践活动任务，如自制气压计、自制小乐器、用电能表和秒表测用电器电功率等。我们要求学生真实记录活动过程，任务完成后，在班内进行汇报展出。有的学生对自己的活动过程进行了拍照，有的将活动过程录制成了简单视频。我们将同学们的材料汇总做成幻灯片，拷贝给同学们，让他们去评价。在娱乐中学习，学会评价，学会交流。其中有一段视频我一直保存，那是我的两个学生利用中午时间在家属院做的利用水和平面镜分解太阳光的实验，现象非常明显。每年学习到“光的色散”一节时，若没有很强的太阳光照到班内，我就会把这段视频插入到我的课件中展示给学生，同时鼓励他们向校友学习。

5. 多媒体教学资源的开发与利用

利用丰富的网络资源，收集学生难以见到的、具有重要物理意义的、展示科学技术发展的实况录像；利用快录、慢录、显微摄影等技术手段拍摄的音像资料，向学生展示物理过程的细节；收集课堂上难以完成的实验录像资料，如海市蜃楼现象、火箭的发射过程、山体滑坡、泥石流等。在教学中适时地播放这些利用传统的教学手段很难展现出来的素材，以激发学生对科学的兴趣，丰

富学生对相关学习内容的感性认识。

理论指导实践。事实证明，只有具有了正确的认识，才能更合理地使用多媒体课件。希望广大物理教师在物理教学过程中能科学、合理地将多媒体与教学规律及其他教学因素糅合在一起，扬长避短，将多媒体课件这块“好钢”用在教学中最需要用的地方，充分发挥多媒体课件强大的教学辅助功能，提高教学质量。

立足新教材，践行核心素养

——部编教材八年级历史教学探索

任素萍

2014 年教育部发布了《关于全面深化课程改革　落实立德树人根本任务的意见》，拉开了新--轮的基础教育改革序幕，“核心素养”进入大家的视野。2016 年，教育部审定、人民教育出版社出版的初中历史新教材投入使用。我们该如何立足新教材，践行核心素养？下面我以部编版八年级《中国历史》为例进行教学实践探索。

一、我们眼中的“学科核心素养”

为了贯彻落实“学科核心素养”，学校历史学科的老师们首先了解了学科核心素养的概念，形成初步认识。随后教研组围绕核心素养的基本特点展开研讨。

第一个特点：核心素养是最关键、最必要的共同素养。那么历史学科中最关键和最必要的素养是什么？关于这个问题，教学理论专家叶小兵、教育部基础教育课程教材发展中心副研究员何成刚、中国人民大学附属中学李晓风、广东东莞中学毛经文、江苏吴县张华中等专家学者提出了各自的看法。最初看到多种说法时，我们有些不知所措。当把这些说法放在一起时，我们的疑惑减少了，这些说法内容基本一致，没有实质的区别。

其实 2018 年 1 月，经过新一轮的修订，在公布的普通高中历史课程标准中，将历史核心素养凝练为唯物史观、时空观念、史料实证、历史解释和家国情怀。徐蓝教授还强调五个核心素养之间的内在联系，提出：唯物史观是学习和探究历史的核心理论与指导思想，是历史学科诸素养的灵魂；时空观念是诸素养中学科本质的体现，是历史学科有别于其他学科的重要特征；史料实证是诸素养得以达成的途径和方法；历史解释是诸素养中对历史思维与表达能力的必然要求；家国情怀体现了诸素养的价值目标。

再回到这个问题：历史学科中最关键和最必要的素养是什么？通过交流，学校历史组的老师们认为，只有一线教师能对学科核心素养提出一些自己的看法时，才能对核心素养有更深刻、更准确的把握。就如同我们看到的专家提出的观点，虽细节有差异，但基本方向一致。每个教师落实的历史学科核心素养，应包含他对最关键、最必要的学科核心素养的认识。教师对核心素养有较为准确的解读，才能把核心素养真正落实到教学活动中。

第二个特点：核心素养是知识、技能和态度等的综合表现。从这一点中看到了前一个课程标准的痕迹：知识与能力、过程与方法、情感态度与价值观。

2001 年开启的国家新课程改革中，明确提出了三维目标指导中学各学科教学。学科核心素养提出后，成为历史课程的总目标，是学生发展核心素养在历史课程学习中的具体体现。老师们看到，学科核心素养更鲜明地体现学科的特色，核心素养也为三维目标、学科教学指明了方向；核心素养是知识、技能和情感态度价值观的灵魂，三维目标不再割裂，由核心素养统领。对教学目标的制定，以核心素养为指向，明确主体、具体动作和达成情况，不再分成三个方面。理解了这些，更有助于学校老师们接受核心素养。

第三个特点：核心素养可以通过教育形成并获得发展。学生的核心素养可以后天形成并获得发展，这就明确了教师的职责，我们该如何通过史料的解读和探究式教学活动的开展，培养学生的核心素养。这些将在具体的教学实践中探索。

第四个特点：核心素养的发展具有连续性和阶梯性。因为学生年龄的不同，所处学段的不同，学生对历史学科核心素养的掌握程度也不同，这一点体现在 2017 版课程标准对历史核心素养进行的水平划分。这样的水平划分，可以有效地指导历史教师在教学和评价中落实核心素养。在具体的教学目标设计中，教师们不仅能明确指向哪个核心素养，更能明确到底达成了哪一层级的核心素养。

对历史学科核心素养，我们并不陌生，特别是时空观念、史料实证，不论是在平时的教学活动中，还是在近几年省市的历史试题中都有体现。结合初中历史教学，通过学习和研讨，我们认为：学生的学和教师的教是在唯物史观的指导下，这是历史学科作为人文学科的基础。我们的历史教学活动，是在时空观念线索下，围绕史料实证展开的。时空观念和史料实证是学生学习历史和教师教学的重要方法和途径。在教学相长的过程中，促进学生形成对历史事件、人物、现象的历史理解，这个历史理解包含学生学习历史知识内化形成的认知和价值观。在不同的史料和情境中，学生通过历史解释以展现其历史理解的水平和层次。初中历史教育属于普及性国民教育，以普及基础性历史知识为主，历史解释对初中学生来说，难度较大。

二、核心素养指导下的教学实践

核心素养作为课程标准，指导教材的编修，也是教学过程中课程目标、教学内容、课程实施、评价考试的指导思想。部编八年级教材从2017年秋季开始使用，八年级上册（简称八上）《中国近代史》共26课，课节数相较于之前使用的人教版教材有明显增加。部编教材强调点线结合，内容上更强调历史线索的完整性；课节增加，尤其是关键历史事件的增加，如第三单元、第六单元有新增课时。八年级下册（简称八下）《中国现代史》共20课，教材的主要特点是与时俱进，加入了有中国特色社会主义新时期的内容，以及近十年来我国各领域取得的成就，有助于增强学生对有中国特色社会主义道路的认同，也对历史教师教学提出更高的要求。以下将从核心素养的五个方面，来说明如何利用教材，结合教学活动落实核心素养。

（一）唯物史观，解构历史

新教材注重历史事件的真实和完整。比如蒋介石的不抵抗政策已经从课本中删掉，这是对历史史料和历史真实性的尊重。在八上 20 课“正面战场的抗争”，台儿庄战役部分的相关史事中有关于李宗仁的人物介绍，正面战场还有长沙会战中国民党将领英勇迎敌、与日军肉搏的材料，说明了正面战场是中国抗日战争的一部分。

新版部编教材凸显人民群众是历史创造者。在五四运动、马克思主义传播、二七大罢工、北伐战争、一二·九运动、抗日战争等多个历史事件中，都增加了工人和农民运动推动历史发展的内容篇幅。

教学过程中，分析生产关系和生产力。八下讲授到家庭联产承包责任制时，教师引导学生分析人民公社经济体制下高度集中，挫伤农民生产积极性，农业生产发展缓慢，说明人民公社这一生产关系阻碍了生产力的发展，所以必须改革。教师通过对比农业生产合作社、人民公社和家庭联产承包责任制，使学生明白生产关系适应生产力和不适应生产力分别是怎样的状况。教师通过说明农业生产合作社和集体乡镇企业的发展，引导学生理解人民公社的失败，不代表公有制的失败，解决学生的理解误区，增强学生的道路自信。

（二）锁定时空，定位历史

部编教材的编订强调历史发展的时序性。原来的人教版的八上前两单元是“侵略与反抗”和“近代化的探索”，新版部编教材由原来的专题变为按照时序叙述，从教学来看，极大方便了对历史前后事件联系的教学。如第二次鸦片战争和太平天国，清政府内外交困下，开始了洋务运动；甲午中日战争战败后，帝国主义国家掀起了瓜分中国的狂潮，资产阶级维新派领导了戊戌变法。学生学习历史事件后，再掌握这一阶段历史线索，便于学生的逻辑构建。新版部编教材中还以完善历史发展线索为目的，选定内容。如“太平天国运动”一课，删掉了左宗棠收复新疆。

在时空框架下，讲授历史事件。我们理解的时空观，指的是历史事件发生的特定、具体的历史时间和地理条件。“七七事变与全民族抗战”“正面战场”“敌后战场”三课的内容包含了抗日战争中的重要战役：七七事变（平津失陷）—淞沪会战—太原会战（平型关战役）—南京大屠杀—徐州会战（台儿庄战役）—武汉会战（万家岭战役）—三次长沙会战—豫湘桂战役。教师可以按照时序性，利用地图或者黑板手绘示意图讲述这些战役的先后发生，这样学生会对抗日战争的这些战役形成较为清晰的认识。课后布置学生自制大事年表或者年代尺梳理这些事件，期末复习时教师准备复习资料再强化。将时间和空间两个角度相结合，使学生更全面、准确地认识历史事件。类似课例还有“甲午中日战争”“北伐”“长征”等。

教给学生掌握时序的学习方法。时间尺和大事年表，是学生应掌握的历史学习方法。学生自制时间尺和大事年表，梳理历史事件，教师也整理大事年表，既是给学生示范，也帮助学生提升梳理水平。同时，注重教授历史时间的不同表述，如八上旧民主主义革命时期、新民主主义革命时期，八下过渡时期、社会主义现代化建设新时期等。

根据地方特色，开展研学活动。特定具体的时空是相关历史事件、历史人物、历史现象从历史逻辑走向现实存在的有力佐证。这两年兴起的研学活动，特别有些学校开发的历史主题研学活动，使时空观从课堂走向社会综合活动，这是落实学生历史核心素养的有效途径，也是我校历史备课组以后的突破方向。

（三）丰富史料，认识历史

由于历史学科的特殊性，不可能像物理、化学学科那样，为学生演示实验，来证明理论。历史学科依赖史料实证，通过辨析所获取的史料，并以研究可信史料为依托，从而实现真实历史再现。

用好教材辅助栏目中的史料。课本的“相关史事”“材料研读”“知识拓展”等板块，提供的材料既体现从“教本”走向“读本”的转变，有效拓展学生的阅读面，也便于教学过程中利用课本材料引导学生思考问题、分析材料。课本中“课后活动”，实用性明显增强。特别是教材八下的内容，让学生通过调查，重新认识身边的历史并口述历史，有助于增强学生的历史感悟，收获真实的历史体验。

在选择材料的基础上，精准分析。教材八上中，在抗日战争这一部分，第97页的相关史事提到了蒋介石下令炸决花园口黄河大堤，在第21课中提到了人民游击战争，发挥人民群众的力量。通过对比，分析国民党和共产党谁更能赢得民心——得民心者得天下。教师要能选择合适的材料，更要用恰当的方法准确地引导学生分析得出，这也是“论从史出”的重要体现。史料教学，不仅有助于培养学生史料研读分析的能力，更传达了“论从史出”的实证精神。

（四）理解感悟，解释历史

历史解释能力，是指以史料为依据，以历史理解为基础，对历史事物进行理性分析和客观评判的能力。历史解释是在形成历史理解和认识的基础上叙述历史的能力。

设计活动，理解历史。近代化探索部分，设计了教学活动，学生“以当事人的角度”感受历史。4名学生分别扮演李鸿章、康有为、孙中山、陈独秀，设计4段演讲，争取“民众”对其活动的支持，身为“民众”的学生可发表个人观点并说明原因。

设置问题，引导思考。新文化运动部分，设置了如下问题：鲁迅的文章中描述“吃人的礼教”，那是不是说传统文化都应该被打倒？再有，新文化运动的领导者，他们对东方文化绝对的否定，对西方文化绝对的肯定，为什么？如果是你，你会如何向当时的民众宣传新思想？以问题引导学生思考，既能使师生对新文化运动有更多的认识，也在一定程度上培养学生的唯物史观。

学生要能客观论述历史事件、历史人物和历史现象，有理有据地表达自己的看法。教师通过设计教学活动，引领学生从历史表象中发现问题，对历史事物之间的因果关系做出解释，以全面、客观、辩证、发展的眼光加以看待和评判、反思历史，汲取历史价值观。历史理解是建立在对史料占据的基础上，强行灌输，死记硬背，都不能使之成为学生日后应对问题的关键能力和必备品格。

（五）情境人物，传承家国

部编教材注重情节、情境的描写。如教材八上中，在描述台儿庄战役时，细致地描述了台儿庄战役的细节，给学生清晰地勾勒了一幅硝烟弥漫的战场。学生通过阅读文字感受到中国守军誓死不做亡国奴、血战到底的悲壮。这样细节的描述在部编教材中还有多处。

家国情怀的教学，是结合具体历史人物和历史活动，才能使家国情怀进入学生内心。如结合地图讲解抗日战场，学生可以清晰看到，中国的华东、华中的半壁江山已经沦入日军之手，中华民族到了最危险的时候，从而更深刻地领悟家国情怀。结合历史人物的具体事迹，感受爱国奉献。

三、实践反思

郑州八中历史学科在核心素养的教学实践中，得益于一贯重视校本教研，强调教师校本教研的教师主体性、内容实用性，以促进教师专业成长、培养学生核心素养。

（一）提升教师专业素养水平是首要问题

（1）转变观念，主动学习。“问渠哪得清如许，唯有源头活水来。”在落实培养学生历史核心素养的过程中，教师应积极参加省市两级举办的新教材和核心素养的相关培训，继续主动获取信息，加强学习，以提升专业素养水平。继续关注并认真研究历史学科核心素养，转变观念和角色，树立新的教师观、学生观和教学观。

（2）主题阅读，深度学习。教研组内将开展以“核心素养”为主题的读书活动，教师选择自己关注的专题，向专业书籍求助，把书籍中的知识转化成自己需要的教学指导和专业引领。特别需要加强史学阅读，集中有深度的阅读，增进对史学的了解，提升史学素养。组织开展读书交流分享活动，在交流分享中提升。

（二）探索实践是培养学生历史核心素养的有效途径

（1）课例研讨，总结提升。继续开展课例研讨，并形成成文的教学案例反思，不只是口头研讨，切实实现有效提升。以备课组为单位，对新教材实践过程中遇到的问题和积累的经验，及时交流并每月梳理总结。

（2）资源开发，实地研学，加大对历史教育教学资源的开发。在核心素养的指导下，历史教学不只是课堂教学，还可以带领学生走出课堂、走出学校，在实地中学习感悟。比如辛亥革命博物馆、湖北军政府等，学生游学后，再学习武昌起义，一定会有不同的感受。

部编教材的使用时间有限，我们对教材的开发和资源整合的力度还很不够。在以后的实践教学中，我们将继续深化在学科核心素养指导下的教材开发、教育教学、评价反思等活动，尽最大努力实现对学生历史学科关键能力和必备品格的培养。

积极反思，不断前行

毛慧敏

2017年4月15日，一个值得纪念和难忘的日子，气温29℃，特别适合体育考试，所有的孩子都整装待发，全力奔赴考场。清晨一早，学生、家长、老师都集结在九中的门口，等待进入考场。孩子们都准备就绪，一个个精神饱满，信心满满。反倒是班主任一个个都很紧张。学生们每一次上战场都有老师们的陪伴，都离不开老师们的鼓励和引导。

考试的前一天，我突然发热，浑身酸疼，头晕目眩，顶着病我坚持给孩子们上完最后一节体育课，给孩子们交代考试注意事项、考试要求、准备活动，考场突发事件应对及如何调整心态。最后一节体育课，孩子们有些兴奋也有些伤感，突然有孩子说："老师，这是我们最后一节体育课，以后就没有这样的时间在一起了。"还有一个孩子，看出了我的身体不适，就说："老师您去看我们考试吗？"我说："我一定去，我把你们每一个人都送进考场，给你们加油打气！"学生说："老师，您可一定要好起来，您可是我们的精神支柱啊！"听后我很感动，眼角湿润地回答："明天我一定能好，我一定去！"最后一节课很伤感也很难忘。那天晚上，我比学生们还兴奋，一夜失眠。作为学生，老师的鼓励和支持是特别重要的。那天，我站在考场门口，一个个给孩子加油，给孩子击掌，拍拍他们的肩膀，告诉他们放松心态，奋力拼搏。有的孩子进考场之前还会再和我抱抱，一个拥抱也许能给他带来巨大的动力。

考试前两周，学校组织了一场体育三模考试。学生们考完成绩并不理想，很多孩子没有考出自己的水平，心理压力很大，还有的学生和我交流都有些许的自暴自弃。我不断地鼓励，不断地调节他们的紧张情绪，说实话，我自己也很紧张、很焦虑。最后的两周我不断地调整状态，要把最好的状态在学生面前展现出来。我告诉孩子们不到最后一步，谁都不能放弃；不到最后一刻，谁都不能停止努力。考试之后我用了大半节课的时间做心理辅导，总算安抚了一部分学生。课后，我也在积极反思，先从课堂上抓起，针对考试情况做整体的分析，把各项成绩差距在哪儿、问题在哪儿全部列出来，逐项分析，哪些学生项目偏科就重点抓弱项，把学生分组分块训练。刚开始，差距在长跑，三模之前就主抓长跑，每节体育课基本上都是练到晚上八点半以后，针对学生长跑成绩分组训练，满分的强化练习，没有满分的重点练习。三模时长跑成绩上去了，可是跳绳成绩下降了——抓着一头，丢了另一头。跳绳是最好拿分的项目，可学生还是因为懒惰不用心而丢了分数。于是，我在课堂上采用自帮自带、小组锻炼的方法，每个班级挑出二模成绩满分或某项特别突出的学生作为组长，一个组长带领五六名同学，这几名同学不可能每项都是满分，正好可以相互弥补，这是最好的提高方法。名单交上来，我看后觉得很吃惊，一组里面并不是女生一组、男生一组，而是男女搭配，我断定这样会有积极的效果。小组帮扶第一周，课堂上在组长的带领下，学生训练有了组织和方向，知道该练什么、怎么练，有个别小组还需要老师的指引。我发现，当你放开手让学生去做时，他可能比在你的讲授下更用心、更负责。于是，我大胆放手让组长带领，一周后对小组成果进行验收。出乎我的意料，原来立定跳远一直徘徊在 1.9 米的女生，高兴地跑过来告诉我，自己达到满分了。所有的成绩都离不开组长的辛勤付出，每天晚上辅导完我都会看到有几个组长正带领着组员刻苦训练。看来，小组合作这个方法是有效果的。在这个方法的基础上，我又进行了录像教学，把技术好的学生动作录下来，随堂让学生观看，分享技术要领，给学生更直观的感受。

课堂训练方面，我也进行了反思。有一部分学生反映，自己天天在家练仰卧起坐、背挺，却没有效果。后来发现，这些学生只练习了腰腹力量，而忽略了腿部力量的训练，于是我针对这些学生制订专门的训练计划，加强腰腹和爆发力训练。每一节课针对一项进行专门性的训练和指导，把每一个学生的技术动作都指导一遍，告诉他问题在哪儿，如何进行后续的训练。有的学生只知道练，却很少思考，并不知道所有的辅助训练都是在给完整技术做铺垫，缺少辅助性的训练和爆发力的训练。我给每一个学生都制定了专门的运动“处方”，针对性强，效果更明显。最后一周的训练计划和心理辅导更关键，强度刺激和有氧恢复，运动调整和身体休息都至关重要，每一节课都很关键，在保证不受伤的情况下强化每一项技术。考前我还给学生讲考试战术和心理调整，相信在充足的准备下、努力的付出下一定会有好的结果。

功夫不负有心人，在2017届中招考试中，学生们在考场上奋力拼搏，全力以赴，考出了自己理想的成绩。我告诉学生，和过去的自己比较，只要比过去有进步，所有的付出就都是有意义的，不要过于在意成绩，付出努力的过程、一次次咬牙坚持和失落放弃再重振旗鼓的勇气是你一辈子的财富。

感谢自己没有放弃，感谢自己的坚持与努力，谨以此文与学生共勉。

成倍提高学习效率的康奈尔笔记法

宋冬云

有人曾说："想要学得好，笔记得做好。"（当然，这也不是绝对的）

每当临考前，大家都争相传阅学霸的笔记本，不禁惊叹，他的笔记明朗清晰，字迹干净漂亮，"学霸"二字实至名归。

那么怎样才能做出优质的数学笔记呢？这也是求学阶段，我心中存在的巨大困惑，那时我习惯性地东记一笔，西记一笔，笔记区域毫无规划，笔记内容混乱无比，以至于后期复习时，连辛苦记录的笔记本都懒得看一眼。如何获得高效记录优质学习笔记的技能成为我不懈的追求。直到我遇到久负盛名的"康奈尔笔记法"，终于成功解锁记录优质学习笔记的秘籍。

宋冬云老师介绍交流康奈尔笔记法使用经验

《论语》中讲："工欲善其事，必先利其器。"原意是说，工匠想要使他的工作做好，一定要先让工具锋利。比喻要做好一件事，准备工作非常重要。而对于学生而言，要想在学习上取得优异的成绩，首先必须掌握科学高效的学习方法。而康奈尔笔记法正是高效记录优质学习笔记的好方法，于是每教一届，我都会亲自培训学生用康奈尔笔记法记录学习笔记，并严抓、落实、反馈，从数量上和质量上监督学生形成用康奈尔笔记法记录学习笔记的好习惯。

说了这么多，好奇宝宝们肯定忍不住想问：康奈尔笔记法究竟是什么呀？康奈尔的学生都会用吗？别着急，我这就告诉你。

康奈尔笔记法是由康奈尔大学的 Walter Pauk 博士发明的。这种记笔记的方法广泛运用于上课、读书、复习、记忆等地方，它能让你的笔记系统化，让你不知不觉地参与到知识的创造中去。它不仅能提高你的学习效率，还能帮助你得到预期的学习效果。

如下是我们班张文馨同学手绘版的康奈尔笔记模板，左侧是关键词、提纲，右侧是知识要点，底部是总结补充。

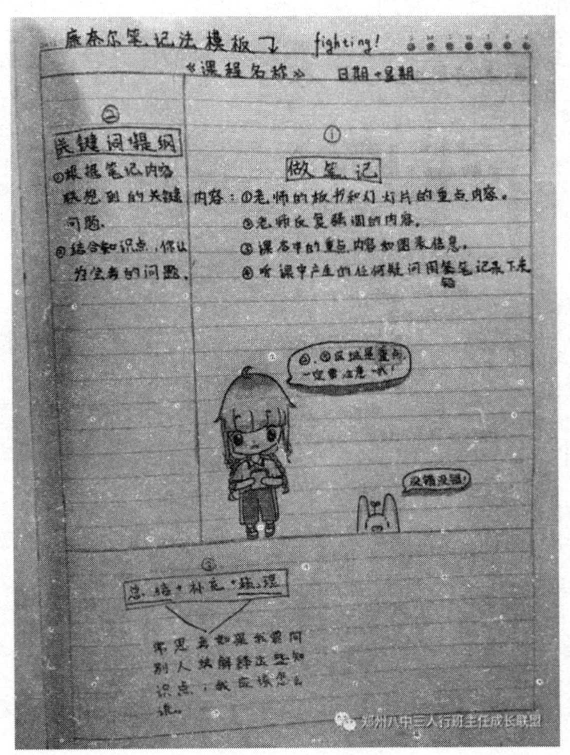

康奈尔笔记法又称作 5R 笔记术，5R 笔记术从五个阶段来运用上面的三栏笔记格式。以工作笔记术的角度，5R 笔记流程分别为：

Record（记录）：在最大的笔记栏中先进行快速直接的记录与收集。

Reduce（简化）：在左边最小的整理栏中，将右边区域记录的内容的重点或关键词提炼出来，相当于生成目录或提纲。

Recite（背诵）：通过笔记重点与教辅资料的对照，背诵需要记忆的内容。

Reflect（思考）：对整体内容有所了解后，在下方栏目中做总结，或是延伸的补充。

Review（复习）：这样一则以康奈尔笔记法写成的学习笔记，可以让我们事后复习与查找资料时更容易找到重点，但也同时能找到细节资料。

说到这里，小伙伴们肯定会惊呼：宋老师，你的学生真是孺子可教也，竟能做出如此优秀的学习笔记。他们羡慕我能遇到这些优秀的学生。其实我想说，一切的优秀绝非偶然，这其中必然蕴含着老师手把手培训学生的艰辛过程。七年级开学的第一个月时间，我利用上课时间，手把手培训学生利用康奈尔笔记法记录学习笔记，结合不同学生的笔记，点评、反馈，帮助学生真正掌握用康奈尔笔记法记录笔记的方法，建立康奈尔笔记班级评价机制，评价等级与学生的班级个人量化积分绑定，激励学生养成用康奈尔笔记法记录学习笔记的好习惯。

如今在 2021 届 10 班和 11 班推行康奈尔笔记法已经将近一学年时间，学生们不仅养成了善于梳理总结补充的好习惯，还为数学学习打下了坚实的基础。这正是令我十分欣喜和骄傲的地方。

亲爱的小伙伴们，你还在犹豫什么？让我们一起帮助学生获得用康奈尔笔记法记录学习笔记的技能吧！这真的会起到事半功倍的效果。

第二节 班级管理篇

走进家庭，走近学生

黄爱华

接手 2020 届 10 班，成为这个班的班主任已经一个学期了，在这一学期里我每天都是非常的忙碌，忙着了解每一位学生、组建各级团队、营造良好的学习氛围、组织各种活动、分析每一位孩子的学习状况……即使是在假期也忙着督促孩子们的体育锻炼、阅读打卡、英语背诵……然而，有一件事是我一直想做却没有做的，那就是家访。

刚好学校有要求，也为了进一步了解孩子们的需要，终于在寒假和开学初我实施了家访计划。

虽然之前也有过家访活动，但这次的感觉似乎更不一样。这不仅是因为接手一个全新班级的新鲜感，更多的是我在家访活动中有了一种“责任重大，使命光荣”的领悟。关于家访我有两点认识：

第一，做足准备，真诚交流，达成共识，铸就合力。

我家访的目的在于与家长交流孩子在学校和在家里的学习生活状况，交换意见，共同探讨教育学生的方式和方法。孩子从呱呱坠地，就降临到了家庭这一特定的成长环境中。家庭是第一所学校，父母是孩子的第一任教师，家庭对孩子身体的发育、知识的获得、能力的培养、品德的陶冶、个性的形成，都有至关重要的影响。多年的经验让我认识到，教育引导学生一定要加强与家长的联系，双方只有同心协力，努力打造最大合力，才能事半功倍，达到教育目的。

我会根据学生的性格、爱好、家庭成员等基本情况，有准备、有目的地进行家访。为了表达对家长的尊重，我都会事先打电话给家长，在他们认为方便的时候再去。我简要、全面地汇报孩子这段时期在学校里的表现，着重谈孩子的进步和优点，并提出需要注意和改进的地方。家长谈孩子在家里的情况，近来的变化与长进，存在的问题，以及对学校的希望。然后我会和家长一起共商下一阶段具体的教育目标与措施，以便共同有效地促进孩子的发展。在我和家长共同协商时，与家长之间就非常容易建立相互信任、相互尊重、相互支持的合作伙伴关系与亲密感情，让家长意识到：老师这样做是为了孩子好，是为了提高孩子的学习成绩，是对工作的高度责任心。当家长感受到老师是以平等友好的态度对待自己、理解和尊重自己时，就会消除心理上的距离，乐于与老师接近，愿意与老师沟通情况并和老师相互配合。老师与家长间架起了情感的桥梁，就为家校合作奠定了基础。我觉得家访正好弥补了家长会的不足，家访可以说仍然是当前教育中最适合家校沟通的重要方式和途径。

第二，更多地关心那些特殊的孩子。

平时我与学生的交谈中，知道有相当一部分家长整天忙于工作，极少关心孩子的生活、督促孩子的学习，甚至出现把孩子托管给爷爷奶奶或是午托部；有些孩子没有了爸爸或者妈妈，正是偶尔还要在父母怀里撒娇的年龄，却永远失去了父爱或母爱的关怀；有些父母虽然教育孩子，但教育起来却是相当的简单、随便甚至粗暴；还有些家长过度关注和干预孩子的生活和学习，让孩子倍感压力……这些孩子非常期待我们的关心和关注，同时也让我们明白肩上的担子责任有多重。我们没办法选择家长，我们只能选择不同的教育方式来对待这些更需要我们关心的孩子。

当然在与家长交流的过程中，也了解到有些孩子在家的表现与在学校的表现截然相反。当我向家长表扬了孩子时，家长很吃惊，因为家长说从来没听过有人夸他的孩子。孩子听到表扬也非常感激，满脸的笑容。当我向有些家长委婉地说出孩子存在的问题时，有些家长同样的也是很吃惊，不敢相信这是他/她的孩子，因为在他/她的印象里孩子是那么的乖巧。家访中收集到的这些信息非常重要，它会时刻提醒我在今后的教育教学工作中，应当更加全面地认识这个孩子，以便更好地对症下药。

在每次家访过程中，我不仅如此近距离地接触了每一位学生，而且也深深地体会到作为父母对孩子教育的关心和重视有多么的重要，当然也了解到现在家庭教育中存在的一些问题，这些都让我更加清醒地认识到身上的责任和使命。我再度陷入思考：如何建设一个和谐良好的班集体，如何促成家校通力合作，如何共同营造有利于孩子成长的氛围……以后我会更加重视家访工作，通过这个平台着力去构建真正和谐的教育蓝图，真正达到“教育一个孩子，带动一个家庭，影响整个社会”的教育效果。

班级管理，从用心做起

郭　虹

每当谈到班级管理，我们就会想到一个重要角色——班主任。作为班级管理的主体，班主任在班级管理中发挥着极其重要的作用。想要管好一个班，除了需要班主任不断学习班级管理的先进经验外，还需要班主任在日常班级管理中用心实践。只有这样，班主任才能为学生营造一个良好的班集体环境，促进班级里每个学生健康发展。

一、建设和谐的班级氛围

一个班集体，通常汇聚了许多来自不同家庭、不同生长环境以及不同性格的学生，因此营造一个良好的班级氛围对他们的成长非常重要。良好的氛围不但可以促进学生之间的沟通与交流，还能大大提高学习效率。班主任的任务就是要在班级管理中建立和维护民主平等、和谐融洽的师生关系，使之形成一种良好的班级氛围。

建立良好的师生关系的前提是尊重学生，尊重学生的人格。爱默森曾说过："教育成功的秘密在于尊重学生。"班主任要认识到学生在人格上和成人处于平等地位。在学生管理中要尊重每一个学生，尊重他们的人格，绝对不能侮辱或体罚学生。尊重学生的同时也要对学生严格要求。学生犯了错误，班主任不能姑息迁就，要及时给予批评教育。批评应讲究方式方法，在对学生关爱的基础上，对他们晓之以理、动之以情，耐心引导学生认识自己的错误，并积极勇敢地加以改正。

建立良好的师生关系的基础是信任。班主任不但要使自己成为学生的“良师”，还要使自己成为他们的“益友”。班主任应放下“盛气凌人”的架子，让自己走到学生当中去，了解他们的学习状况、家庭状况，积极帮助他们解决学习、生活中的困难。班主任要学会细心观察每一个学生，分享他们的喜怒哀乐，成为学生的“贴心人”。“亲其师，信其道”，和谐融洽的师生关系，可以使学生自觉愉快地接受班主任的教育，这非常有利于班主任开展班级工作。另外，经常与学生谈心或参与学生的一些活动，也是增进班主任与学生之间感情的好方法。

二、创设沟通的良好通道

沟通是在教学管理中实现教学目标、达到教学水平的重要方式之一。师生之间的沟通方式和沟通质量在一定程度上直接影响着教育的有效性。在教育教学过程中，学生是教育教学活动的主体，老师是班级管理的主要执行者。管理者和被管理者之间常常存在着矛盾。怎样合理有效地处理矛盾，实现师生之间有效沟通，是班主任在班级管理中的首要任务。

在日常班级管理中，经常会出现学生与老师沟通不顺畅的情况。其实一个班想要管理好，仅靠班主任是不够的，还需要每位同学的配合与努力。班主任不会时时刻刻都守在班里，有时对班级发生的情况也不会都十分了解。此时学生就更有发言权，通过真诚的沟通，老师才能熟悉和掌握情况，也才能更好地了解他们的思想动态。真诚的交流，深入细致的思想工作，才能让老师走进学生心里，使学生更好地理解班主任的良苦用心，消除对班主任的误解，学生也才能在集体中轻松愉快地学习生活。

师生之间的交流其实是双方信息的沟通，任何时刻都在不断的进行中。班主任除了可以使用有声语言同学生进行交流沟通外，还可以通过各种形式的无声语言对学生进行表达。跟有声语言相比，无声语言更加方便、快捷，更容易取得沟通效果。对于学生来讲，老师的每一个动作、每一个表情，所做的每一件事情，甚至作业批改中的每一个笔迹，都在无声无息中向学生传递着信息。比如班主任可以从周记上了解学生对学校、班级和同学的一些看法和建议，并及时在周记本上跟他们交流，或写上几句提醒、鼓励的话，或表达自己对某问题的看法。学生能从老师的字里行间真切感受到老师对自己的关爱、信任和理解，于是他们就会敞开心扉，乐意与老师沟通。这种无声的沟通，通常会收到事半功倍的效果。

古人云：“十年树木，百年树人。”班级管理工作是一项艰辛而复杂、烦琐而特殊的工作，面对不同个性、不同基础、不同学习风格的学生，如何把他们培养成能绽放异彩的参天大树，这需要我们这些“匠师”用心雕琢、精心培养。我们将继续着，努力着，把班主任工作做得更完美。

用思想引领，用规则看守，用真情陪伴

——九年级接班的几点思考与做法

方　乐

我的母亲是一名优秀的小学老师，我的成长轨迹也是从一个学校到另一个学校，当大学选择师范类化学学科的那一刻起，中途接班就成为我的宿命。但是每每得知中途接班的时候，想到领导的信任、家长的希望、学生的期盼、自己的辛苦，我的第一感觉还是排斥、逃避，再是接受、思考。当一个学年相处下来，看到一个班集体，在自己的手中一点点改变、一点点进步；看到一群孩子，从青涩到成熟再到展翅高飞，与我的相处从陌生到熟悉再到亲密无间，我又体会到满满的幸福、深深的喜悦。针对中途接班和九年级的特殊性，我有几点思考与做法。

第一阶段（上学期7月至8月）

本阶段我重点做熟知班情、了解学生，重视初见、开个好头，明确目标、制订计划三方面的工作。召开九年级第一次家长会和主题班会，展示学生在八年级两个学期期中和期末的四次考试成绩，按总成绩、语文、数学、英语、物理排序列表，让家长和学生清楚在班级和年级的名次，在开学初合理定位。详细总结上学年学生报考志愿和高中录取情况，介绍九年级上学期学习重点是全面提升，下学期学习重点是全力冲刺。认真介绍中招形式，九年级的考试类型，教师团队，学生团队，毕业生应有的状态。老师、家长和学生三方商议按九年级的时间节点将目标分为短期、中期和长期目标。短期目标如一天、一周做到不迟到、不早退，严格要求自己，认真听课、积极思考、按时完成各科作业；中期目标如月考、期中考试、期末考试，各科成绩有所提高，努力超越自己设定的竞争对手，保持优势学科的领先，重点突破薄弱学科，班级名次提高10名，年级名次提高30名等具体措施；长期目标如详细了解心仪的重点高中，分析最近三至五年的录取分数线，折合成各科得分率。让学生明确目标后，痛下决心，力争经过拼搏努力，考取理想的高中。

第二阶段（上学期9月至检前）

本阶段我重点做以下三方面的工作。思想方面：肯定过去、放眼未来，细节入手、情感交流；纪律方面：严格要求、做好表率，调整班委、高效管理；学习方面：端正态度、培养习惯，严待优等生、博爱中等生、宽爱后进生。开学初期，一方面要“晓之以理，动之以情”地诲人不倦；另一方面要“严格要求、赏罚分明”地高压管理。班主任用善于观察的眼睛及永远爱生的心，给予正确的方法引导教育，使之向好的、善的方向发展。在班级内张贴升入优秀高中的毕业生的《学哥学姐给学弟学妹的一封信》，利用每周班会学习，学生们汲取优秀毕业生成熟的学习方法，展开小组讨论，同学之间互相指出存在的问题，并各自对七、八年级的学习和体育锻炼情况进行反思总结，制订高效的九年级学习计划。班主任一方面要严格把关，让学生合理定位，太高太低的目标都不利于学习成绩的提升。另一方面也要做好学生的思想工作，以鼓励表扬为主，建议选择比自己水平高一点的目标学校，鼓励学生不怕困难，克服困难，勇于探索，解决难题，体会成功的喜悦。让良好的行为产生优秀的习惯，从“要我学”变成“我要学”，学习动机提高，学习氛围浓烈，同学们既竞争又合作，共同进步，共同提升。期中考试后，学生成绩参差不齐，心理波动较大，考试的排名让一些学生怀疑自己，产生心理落差，需要及时调整。班主任首先要肯定学生两个月来的努力和付出，并引导学生接受现实，敢于“清零”。相信不管自己在七、八年级有多优秀，或有多贪玩，都要忘掉，踏踏实实投入到九年级的学习中来，适应高强度的学习生活是最重要的。通过耐心细致的情感交流，学生认识到自己的问题也是别人的问题，自己的困惑也是他人的困惑，降低焦虑感，调整最佳状态。利用班会重点表扬九年级进步最快的学生，传递一种正能量，激励班级其他同学。

严待优等生：优等生是班集体的核心力量，不仅要树立学习的自信，还要培养学习的能力；不仅要提高要求，更要有忧患意识；既要重视课内知识的学习，又要重视课外知识的汲取。

博爱中等生：中等生是班集体的中间力量，渴望老师的重视，又害怕抛头露面。班主任要帮助他们树立敢于超越的勇气，特别是下学期总复习，如果能调动好中等生的信心，他们很有可能创造奇迹，成为“黑马”。

宽爱后进生：后进生是班集体中最渴望爱与关怀的孩子，班主任在学习上和他们多多交流和沟通，在生活中给予支持和帮助，在心理上给予安抚和疏导，作业量和做题要求可有所不同，鼓励他们刻苦和艰苦的付出才可能会有巨大收获。

第三阶段（寒假）

本阶段我重点做科学定位、学法指导，周密计划、重点关注，密切联系、家访跟踪三方面的工作。“初三无假期”，寒假是中考前休整的驿站，是为中考做准备的加油站和补给站，是最后一个查漏补缺的绝佳时期。放假前需要反复告诫学生，把握好寒假，你会有很大进步、质的飞跃；把握不好，你就会掉队、被抛在后面。班主任对一检考试成绩进行全方位的剖析，帮助学生弄清失分原因：是基本知识不扎实，还是学习态度不端正；是学习方法不合理，还是学习习惯不自觉？针对不同学生、不同学科、不同原因提出合理化建议，并帮助学生制订寒假学习计划。建议学生梳理学科要点，形成知识体系。首先，整理出各学科章节中的重点、难点、考点，找到概念之间的联系；其次，将易混淆的概念、规律加强对比、区分，配以适当的练习进行巩固；再次，收集、整理做过的错题，选择中考真题训练、巩固，建议学生有选择地进行“家教”或学科辅导，花时间、投精力补弱势学科和薄弱章节基础知识，避免中考时落分，重点弥补“瘸腿科目”。建议学生每天学习时间最少保持在8小时（大年三十至初二放假）；每天至少进行三科的复习，文理分开，擅长/喜欢和厌恶的科目交叉进行。寒假前重点关注班级前十五名，逐一谈心，提出高标准、严要求。寒假期间充分利用电话、微信、QQ等方式与家长沟通，每天定时从考试技巧类、家校沟通类、学习方法类、时间管理类、感恩教育类、目标理想类六个方面推送小专题，指导帮助家长管理学生的寒假黄金时光，并了解学生在家学习及锻炼情况。对于特殊孩子，必要时可以家访，面对面交流，发现问题，并解决问题。

第四阶段（下学期3月至二检前）

本阶段我重点做公平公正、严格严明，细节着手、良好沟通，家校合作、多管齐下三方面的工作。这段时期是学生的倦怠期和疲惫期。各学科都要开始总复习，班主任指导学生制订出切实可行的三轮复习计划，对不足之处查漏补缺，在学习复习的过程中树立信心，战胜困难。要实事求是地指出学生的优缺点，帮助他们树立目标，取长补短。在面对挫折时，实事求是地分析失败的原因，指出成功的道路和学生所具备的优势条件，并鼓舞学生的斗志，激发学生的自信。文化课的第一轮复习，时间长、抓基础、重落实，基础知识和基本技能掌握的结果直接关系到中考分数的高低。体育和理化实验集训标准高、强度大，班主任可以给学生播放往届学生努力锻炼和认真练习实验的小视频，举实例说明体育和实验两项，在经过老师专业指导和学生刻苦训练后，大部分学生可以快速提升，对最后中考冲刺产生积极影响。让学生立志争取体育和实验满分，取得开门红。把学生在校的表现反馈给家长，及时与家长沟通，使家长心中有数，请家长协助鼓励或帮助学生。同时，向家长了解学生在家的表现，及时找到问题所在，对症下药，共商对策，形成以班主任、科任教师、家长协同作战、齐抓共管、全面提高的良好局面，争取积极、稳定地度过这一倦怠期和疲惫期，以最佳状

态迎接理化实验和体育考试。让优秀成为学生的一种习惯，让严谨成为学生的一种作风。

第五阶段（二检后至中招）

本阶段我重点做主题班会、引领方向，综合分析、填报志愿，鼓舞斗志、全力冲刺三方面的工作。这段时期是学生的冲刺期和收获季。面临中考的时间越来越近，学生们越发感觉时间不够用，班主任的引领作用就更应该显露出来，一方面应适时指导学生合理安排时间，另一方面提醒各任课教师合理布置作业。对学生的情感管理和疏导尤为重要。二检考试是中招报名的一个重要参数，不少学生虽然拼尽了全力，但名次上没有大的进步，不能得到家长、同学们的肯定，更会认为自己无能，天生不是学习的材料。班主任应鼓励学生即便在逆境中也不要否定自己，要采取恰当策略，挖掘自身潜力，自己和自己比，今天和昨天比，就能看到进步和希望，避免因与别人比较而自我贬低。班主任根据学生性格特点、综合素质、适应能力、学习态度、学习习惯等个体情况，结合学生二检成绩在全年级的排名，领会当年高中招生工作意见，分析高中的招生计划和本校的分配生名额，与家长和学生商议最合适的报考方案。如果目标定位太高，学生无法达到，就会沮丧和放弃；如果目标定位太低，学生学习动机不强；只有目标定位合理，学生才能按预期考取理想的优秀高中。当6月初报考结束后，班主任应提醒学生再次“对标”，引导学生对比目标高中找差距查原因，修订学习计划。在战略上以竞争精神去拼搏，抛开一切杂念；在战术上强科争优势、弱科保底线，强化“拼实力、拼心态、拼效率、拼中招”，提出“挑战自我、完美冲刺”的决心。

第六阶段（中招至8月中旬）

本阶段我重点做享受过程、正视结果，毕业课程、关注去向，殷殷期待、学之成才三方面的工作。以爱心感染学生，以耐心教化学生，只要班主任认真地付出，必将赢得学生的真心，陪伴孩子从感性变得理性，从简单的理解到深入的思考。孩子们也许对中招的结果不满意，但是求学的道路还很长，成功不需要每天都要有高远的目标，鼓励他们做到“今天比昨天优秀，明天比今天更好”“心无旁骛、积少成多”，从平凡走向优秀，再走向卓越。7 月中旬利用发放中招分数条的时机，寄语孩子们放眼未来，心怀八中，牢记“热爱祖国、刻苦勤奋、勇于创新、全面发展”的学风，拥有“不忘初心、坚守信仰、勇往直前、迎接挑战”的信心。无论身处何方，常回母校看看，所有老师都深深祝福、殷殷期待他们学之成才，并请本届优秀学生给学弟学妹写一封信。

中考是一场硬仗，不能强攻，只能智取。教育活动实质上是人和人之间的交流活动，将心比心、以心换心是亘古不变的道理，作为中途接班的班主任，作为孩子眼中的“后妈”，在教育教学工作中，用思想引领，可以为一个班级指明前进的方向；用规则看守，可以为一个班级清理路途的荆棘；用真情陪伴，可以打开孩子们的一扇心门。再根据时间节点层层递进，使学生思考人生方向，明确学习目标，深刻剖析自我，考虑自身能力，调整心理状态，寻求解决办法，最终激发学生的学习动机，提高学生的学习效率，促使学生持之以恒，使学生在学习成绩上有显著进步，步入更加优秀的高中，成就更加优秀的自我！

班级建设，文化先行

李 平

班级文化是班级的“灵魂”所在，是凝聚班级力量的精神支柱。班级建设的第一要务就应该是加强班级文化建设，打造班级文化精神。我主要从以下三个方面进行了我班班级文化的建设：环境文化建设、制度文化建设、精神文化建设。

第一，环境文化建设。

苏霍姆林斯基说过：“要让教室的每一面墙壁说话。”我希望每个孩子都能感受到“教室就是我们的家”。

新生报到的前一天下午，我把每一张桌子和凳子都擦得干干净净，孩子们把这份感动记在心里，落实到每一天的教室卫生都认真打扫和保持上。

开学第一天，我和孩子们一起办了第一次黑板报：用写有对班级祝福的“爱心”便利贴凝聚成了“2015 届 2 班”。

作为这个大家庭“家长”的我，从家中拿来了盛粉笔的铁盒，李纪瑄同学自发地准备了失物招领箱，翁安琪同学自制了废品回收箱来收集废纸、矿泉水瓶子（卖钱以贴补“家”用——当班费），擅长“电脑板绘”的宋宇同学为班级制作了具有青春气息的特色日历。“文化园地”里的时事政治，黑板上每天一个孩子和大家分享一句自己最喜欢的名人名言，这一切无不印证着班级名片中所体现出来的班名——阳光二班。

积极向上、温馨和谐的环境，感染着孩子们自发地加入建设班级文化的行列，也陶冶了孩子们的高尚情操！

第二，制度文化建设。

“没有规矩，不成方圆。”着眼于孩子们的长远发展，我努力和孩子们一起制定有灵魂的制度，在制度建设中充分调动所有孩子的积极性。

我坚信给任何一个孩子一个机会，他都会回报给我们足够的感动。比如我们班在学习上最困难的两个孩子就分别担任了我们班的体育部副部长和体育课代表，成为体育老师的得力助手，带领我们班在每周的长跑中赢得了一面又一面流动红旗。我们还讨论成立了督查评估部，对班级的不文明现象进行督查，对班干部的工作进行评估。

在制定班规方面，全员参与，民主讨论。班规也随着学生的具体情况进行修订，遵循了从规范到激励的原则。比如正在实行的第四版班规，就增设了在家校联系本上写喜报这一项。老师给组长写，组长给组员写，从课堂听讲、举手发言的学习状态，到关爱同学、心系集体的具体行动，都是喜报的内容。喜报见证着孩子们成长的脚步，也激励着孩子们积极向上。赵梓晨同学把我用黑笔写的喜报和留言用红笔全部描了一遍，似乎在用这种方式表达他的喜悦之情。

除了班规，我们还根据具体情况制定班级公约。比如开学初，针对班里的不文明现象，我们举行了“做文明人，办文明事”的主题班会，师生共同签名的承诺书至今都在班级布告栏内，提醒着大家要注意自己的一言一行。

班有班规，组有组规，每个小组都制定了自己的目标、口号、组规，和自己选定的对手组，在合作中竞争，在竞争中进步。

强调团结合作的各种班级规约，构成了一个制度化的环境，规范了孩子们的行为，孩子们初步养成了良好的行为习惯！

第三，精神文化建设。

开学第一天，我就和孩子们分享了这八个字：“学会做人，学会学习。”这是我的带班理念，也是孩子们的三年目标。学会学习主要是养成良好的学习习惯，掌握正确的学习方法；学会做人体现在对事、对人、对自己，我相信一个成功的人，--定是对事认真，能够让别人因为我的存在而感觉到幸福，能不断发现、发扬自己的优点，弥补自己的不足。这也是我自己做人追求的最高境界。我深知，一个老师，特别是一个班主任对孩子们的影响有多大，所以，无论是教学上的备课、上课、改作业，还是班会课、学校组织的活动，我都认真对待；从热情地回应每一个孩子的问好，到关注孩子们的心理波动，用期待别人如何对待我自己女儿的心情去对待班上的每一个孩子。在这种理念的指引下，我召开了富有特色的主题班会，举行了丰富多彩的班级活动。

我们在开学初举行了“风雨同舟”班会，8个还不熟悉的孩子要想方设法站在不断变小的报纸上，最后当8个孩子或背着或抱着全部站在A4纸大小的报纸上的那一刻，他们品尝到了成功的喜悦，懂得了集体的含义，明白了团结合作的重要。就像我们的班徽：数字7和2组成了一个互相帮助的“互”字，也是我们的班级口号“齐心协力，快乐学习”的来源。四人学习小组不断在形式上形成常规，同时这种意识也深入到每一个孩子内心深处。

要想成功，你需要朋友；要想非常成功，你需要对手！感谢对手，提醒自己要努力；感谢对手，提醒自己要坚强；感谢对手，提醒自己要前进；感谢对手，提醒自己要成功！在这个思想的指导下，我们举行了三轮对手赛，不为失败找理由，只为成功找方法。在每一次总结会上，孩子们会从学习方法到心态，从学习到做人，分析对手的优点，反省自己的不足，是失败者的总结，更是未来成功者的经验介绍，班级呈现出一种友好竞争的局面。黄东珅同学就在对手的激励下多次获得喜报，在班级工作和学习中成为同学们心目中的“黑马”。

一花独放不是春，百花齐放春满园。为了增强班级凝聚力，我抓住每一次集体活动的契机，认真动员、组织，胜利的喜悦都写在孩子们的笑脸上。

为了让孩子们对自己有更加客观的认识，明确做人的成功要素，根据江苏卫视《职来职往》的节目模式，我们进行了“公平竞争，组长和组员双向选择”的换位活动。明确了每个孩子的态度、习惯、能力、性格、心理素质等，这些将决定这一次的座位。

我还根据人才招聘会上的壮观景象，进行了“2013年春季人才招聘会”的换位活动和班干部的竞争上岗活动。让孩子们进行更准确的自我定位，不断提高自身的社会化程度。

为了使家庭教育和学校教育形成合力，我除了举行常规的问题解决式的全体家长会、男生家长会等，还邀请部分家长参与期末颁奖盛典，邀请家长为自己的孩子颁发奖状、奖牌。除了成绩上的表彰，更有举止文明奖或为班级做出努力的班级之星奖励，正如我为班级之星所写的颁奖词所说的：态度决定行为，行为养成习惯，习惯成就人生！

当家长和我们建立起“理解、信任、目标一致”的合作关系时，才是家长文化和班主任文化的完美统一。在寒假期间，我策划了以四人小组为单位，由学生全面策划和负责、邀请家长参与的“老板与员工的新年联谊活动”。家长在孩子们的策划下参观河南博物院、河南地质博物馆等，在活动中“老板们”非常认可“员工们”的策划。在这次活动中，孩子们学会了合作，懂得了感恩，家长们也不再紧盯着成绩，而是看到了每个孩子的可爱，从而反思自己的教育理念。

随着网络的迅猛发展，博客的推广和利用越来越受到社会的关注，建立班级博客可以为班级的文化建设提供更加广阔的平台。正像家长的留言所说：博客为家长和学校之间搭建起了沟通和交流的平台，也是孩子们展示特长、张扬个性的平台和班级文化的有效延伸。在这里，既有孩子们的优秀习作、活动心得，也有孩子们的摄影作品等。

着眼于全面发展的精神文化建设凝聚了孩子们！良好的班风、学风初步养成，孩子们初步形成了积极向上的人生观和价值观，接受并传递着正能量！

从小爱到大爱，孩子们给了我太多的感动：

李雯斐同学，给因参加篮球训练而无法上最后两节课的胡煜煊同学记作业并留言、留电话。

孩子们积极参与爱心义卖活动，在策划上别出心裁：17 个小组摆地摊，为贫困山区的对口学校筹得 1000 多元。

在“华夏同心，众志成城”班会上，孩子们为雅安祈福、默哀、捐款，2048 元带着孩子们的爱心赶赴灾区。

不仅让孩子因为懂得爱、珍惜爱而幸福，而且让孩子因为学会爱、付出爱而得到更多的快乐！这也是我当班主任最大的快乐。

就像我们的班歌《我相信》一样，我相信每一个孩子都可爱，都可以成才，希望每一个孩子都喜欢上学、学会学习、学会做人、学会做梦，并且能够梦想成真！

“路漫漫其修远兮，吾将上下而求索！”班级文化建设，我们在路上！